어휘력 키우는
유의어 글쓰기

지은이 박재찬(달리쌤)
그린이 이나영
펴낸이 정규도
펴낸곳 (주)다락원

초판 1쇄 발행 2023년 12월 29일
초판 2쇄 발행 2024년 12월 9일

편집 서정은, 임유리
디자인 김은지

다락원 경기도 파주시 문발로 211
내용문의 (02) 736-2031 내선 273
구입문의 (02) 736-2031 내선 250~252
Fax (02) 732-2037

출판등록 1977년 9월 16일 제406-2008-000007호

Copyright ⓒ 2023, 박재찬

저자 및 출판사의 허락 없이 이 책의 일부 또는 전부를 무단 복제·전재·발췌할 수 없습니다. 구입 후 철회는 회사 내규에 부합하는 경우에 가능하므로 구입문의처에 문의하시기 바랍니다. 분실·파손 등에 따른 소비자 피해에 대해서는 공정거래위원회에서 고시한 소비자 분쟁 해결 기준에 따라 보상 가능합니다. 잘못된 책은 바꿔 드립니다.

ISBN 978-89-277-4796-3 (73700)

http://www.darakwon.co.kr
다락원 홈페이지를 통해 인터넷 주문을 하시면 자세한 정보와 함께 다양한 혜택을 받으실 수 있습니다.

차이를 익히면 실력이 쌓인다!

어휘력 키우는 유의어 글쓰기

박재찬(달리쌤) 글 • 이나영 그림

다락원

머리말

"엄마, 아빠, '얄따랗다'가 무슨 뜻이에요?"
"'얇다'와 비슷한 뜻이란다."
"아, 그렇구나. 그럼 그냥 '얇다'라고 하면 되지, 왜 이런 단어가 있는 거예요?"
"그건 말이야…."

여러분은 이렇게 모르는 단어에 대해 질문해 본 적이 있나요? 하나의 단어만 있으면 헷갈리지 않을 텐데 우리말에는 비슷한 뜻을 가진 단어들이 왜 이렇게 많은 걸까요? 그 이유는 어떤 단어를 사용하느냐에 따라서 전달하고자 하는 느낌이 조금씩 달라지기 때문입니다. 예를 들어, '소중한 우리 딸'과 '금쪽같은 우리 딸', 두 가지 중에 '금쪽같은 우리 딸'이 조금 더 중요하다고 느껴지는 것처럼 말입니다. '귀한', '금쪽같은'은 '소중한'의 유의어입니다.

유의어를 공부하면 어떤 점이 좋을까요? **먼저, 표현 능력이 길러집니다.** 다양한 유의어를 알고 있는 학생들은 어떤 상황을 설명할 때 다양하게 말할 수 있고, 풍성한 글을 쓸 수 있습니다. **두 번째로, 독해 능력이 길러집니다.** 유의어를 많이 알아두면, 교과서나 책을 읽을 때 단어의 뜻을 알지 못해 글의 내용을 이해하지 못하는 경우가 줄어듭니다. 특히 시, 이야기, 그림책, 소설과 같은 문학 작품에서는 다양한 어휘들이 사용되는데 유의어를 잘 알고 있다면 이러한 문학 작품들을 잘 즐길 수 있습니다.

『어휘력 키우는 유의어 글쓰기』에는 초등학교 교과서를 분석하여 추출한 **'초등학생들이 반드시 알아야 하는 180개의 유의어'**가 담겨 있습니다. '소중하다(귀하다, 금쪽같다)'부터 시작해 '먹다(삼키다, 마시다)', '충분하다(풍족하다, 족하다)', '기르다(키우다, 보살피다)'까지. 이런 유의어들은 도두 초등학교 교실에서 국어 수업, 글쓰기 수업을 할 때 학생들이 "선생님, 이게 무슨 뜻이에요?", "이런 상황에선 어떤 단어를 써야 해요?"라는 질문에 답을 해 주며 하나씩 정리하고 모은 것들입니다.

이 책에서는 유의어를 쉽고 효과적으로 익힐 수 있는 4단계 공부법을 제안합니다. 먼저, 한 편의 짧은 글을 읽고 중심 단어의 뜻을 배웁니다. 두 번째로 중심 단어의 두 가지 유의어와 함께 이 유의어를 사용할 때 참고해야 할 내용을 배웁니다. 세 번째로 유의어와 관련된 다양한 유형의 문제를 풉니다. 네 번째로 유의어를 사용하여 글쓰기를 합니다. 어렴풋하게 알고 있던 유의어도 글쓰기를 하며 직접 사용해 보면 '진짜 아는 것', '내 것'으로 바뀌게 됩니다. 어떤 유의어라도 4단계 과정을 거치면 내 머릿속으로 쏙 파고들 것 같지 않나요?

이 책을 이용해서 다양한 유의어들을 익혀 보세요. 비슷한 뜻을 가진 다양한 단어들을 상황에 맞게 사용하고, 글쓰기를 통해 내 것으로 만들어 보세요. 그러면 여러분도 모르는 새에 다양한 어휘를 알게 되고, 같은 상황을 설명할 때도 여러 유의어를 사용하여 풍부하게 표현할 수 있을 겁니다. 이 책이 여러분의 글 머리와 문해력을 키우는 데 도움이 되길 바랍니다.

저자 박재찬(달리쌤)

 차례

머리말 • 4 | 책의 구성 • 8 | 사전 활용법 • 10 | 진도표 • 11

1장 겪은 일을 표현하는 글

01	소중하다 / 귀하다 / 금쪽같다	14
02	낭송하다 / 낭독하다 / 외우다	16
03	먹다 / 삼키다 / 마시다	18
04	만들다 / 꾸미다 / 짓다	20
05	기쁘다 / 달갑다 / 흐뭇하다	22
06	좋아하다 / 아끼다 / 즐기다	24
07	위로하다 / 달래다 / 위안하다	26
08	연결되다 / 이어지다 / 연관되다	28
09	감사하다 / 고마워하다 / 감격하다	30
10	화나다 / 성나다 / 욱하다	32
11	혼내다 / 야단치다 / 꾸짖다	34
12	많다 / 넉넉하다 / 무수하다	36
13	마주치다 / 만나다 / 부딪치다	38
14	구부리다 / 숙이다 / 굽히다	40
15	미안하다 / 죄송하다 / 부끄럽다	42
16	어이없다 / 엉뚱하다 / 터무니없다	44
17	속상하다 / 언짢다 / 괴롭다	46
18	끼어들다 / 새치기하다 / 파고들다	48
19	뻔하다 / 확실하다 / 분명하다	50
20	설득하다 / 회유하다 / 타이르다	52

2장 주변 소재에 대해 소개하는 글

21	설명하다 / 소개하다 / 논하다	56
22	기억하다 / 암기하다 / 간직하다	58
23	포함하다 / 함축하다 / 내포하다	60
24	이동하다 / 움직이다 / 건너다	62
25	짐작하다 / 헤아리다 / 가늠하다	64
26	몰아내다 / 물리치다 / 쫓아내다	66
27	다르다 / 상이하다 / 특별하다	68
28	찾다 / 살피다 / 구하다	70

29	입다 / 쓰다 / 걸치다	72
30	당기다 / 잡아당기다 / 끌다	74
31	서운하다 / 아쉽다 / 아깝다	76
32	비교하다 / 대비하다 / 견주다	78
33	굉장하다 / 훌륭하다 / 엄청나다	80
34	위협하다 / 겁주다 / 협박하다	82
35	무르다 / 연하다 / 말랑하다	84
36	희한하다 / 신기하다 / 이상하다	86
37	휘두르다 / 흔들다 / 좌지우지하다	88
38	사라지다 / 숨다 / 떠나다	90
39	어울리다 / 조화되다 / 사귀다	92
40	캄캄하다 / 어둡다 / 막막하다	94

3장 이유를 들어 의견을 제시하는 글

41	노력하다 / 애쓰다 / 주력하다	98
42	으스대다 / 우쭐대다 / 뽐내다	100
43	보내다 / 전하다 / 물려주다	102
44	닳다 / 낡다 / 소모되다	104
45	계산하다 / 셈하다 / 헤아리다	106
46	살피다 / 관찰하다 / 둘러보다	108
47	주의하다 / 조심하다 / 경계하다	110
48	적합하다 / 적당하다 / 알맞다	112
49	보존하다 / 지키다 / 보호하다	114
50	사용하다 / 이용하다 / 다루다	116
51	충분하다 / 풍족하다 / 족하다	118
52	허다하다 / 흔하다 / 수많다	120
53	필요하다 / 절실하다 / 요긴하다	122
54	얇다 / 얄따랗다 / 엷다	124
55	간추리다 / 정리하다 / 요약하다	126
56	반복하다 / 거듭하다 / 중복하다	128
57	북적거리다 / 붐비다 / 복작거리다	130
58	한없다 / 무한하다 / 끝없다	132
59	절약하다 / 검약하다 / 절감하다	134
60	기르다 / 키우다 / 보살피다	136

책의 구성

이 책은 유의어를 쉽게 익힐 수 있도록 **4단계 공부법**으로 구성되어 있어요. 아래 순서대로 시작해 봐요!

01 소중하다 / 귀하다 / 금쪽같다

소중하다 — 매우 귀하고 중요하다.

지난 주말에 가족과 함께 캠핑장에 갔다. 넓은 공원에서 아빠와 공 주고받기 놀이를 했다. 저녁에는 온 가족이 모여 함께 저녁을 만들었다. 밤에는 의자에 앉아 별을 보며 이야기를 나눴다. 오랜만에 가족과 하루 종일 함께한 날이었다. 이번 캠핑은 나에게 정말 소중한 경험이었다.

유의어 알아보기

귀하다
- 뜻: 보배롭고 소중하다.
- 예: 너는 우리 집에서 굉장히 귀한 자식이야.

'귀하다'는 생명처럼 아주 소중한 것과 함께 사용할 수 있어. 또 지위가 높은 사람을 가리키거나, 존중할 만한 것을 얘기할 때도 써. '귀한 집안, 귀한 손님, 귀한 글'처럼 말이야.

금쪽같다
- 뜻: 금처럼 귀하고 소중하다.
- 예: 금쪽같은 시간을 내서 여기에 왔다.

'금쪽같다'의 첫 글자 '금'은 '금은보화, 금괴'와 마찬가지로 '쇠 금(金)'이라는 한자가 쓰였어. 그만큼 소중하다는 뜻이겠지?

유의어 사용하기

① 밑줄 친 단어와 비슷한 의미의 단어를 넣어 문장을 다시 써 보세요.
"너는 하나밖에 없는 <u>소중한</u> 딸이야."
→ 너는 하나밖에 없는 귀한(금쪽같은) 딸이야.

② 다음 문장을 읽고 빈칸에 가장 어울리는 단어를 <보기>에서 찾아 쓰세요.

<보기> 귀한   흔한   부족한

"오늘은 <u>귀한</u> 손님이 오시는 특별한 날이니 준비를 단단히 하거라!"

유의어 글쓰기
tip - 귀하게 여겼던 대상은 어떤 물건, 사람, 일이 될 수 있어.

생각 꺼내기 무언가를 '귀하게' 여겼던 경험을 떠올려 써 보세요.
① 언제인가요? 지난주 일요일
② 무엇을 귀하게 여겼나요? 생일 선물로 받은 운동화
③ 왜 귀하게 여겼나요? 평소에 가지고 싶었던 운동화여서
④ 어떻게 행동했나요? 잠잘 때 껴안고 잤다.

짧은 글쓰기 '소중하다'의 유의어인 '귀하다'를 넣어 내가 겪은 일을 써 보세요.

지난주 일요일은 내 생일이었다. 부모님께서는 생일 선물로 내가 평소에 사 달라고 했던 운동화를 사 주셨다. 나는 기분이 너무 좋아서 잠잘 때 새 운동화를 껴안고 잤다. 나는 앞으로 이 운동화를 귀하게 여기면서 아껴 신을 것이다.

1단계 한 편의 짧은 글을 읽고 중심 단어의 뜻을 배워요.

2단계 중심 단어의 두 가지 유의어를 배워요. 유의어를 사용할 때 참고해야 할 내용도 함께 알아보아요.

QR코드를 찍으면 예시 답안을 바로 확인할 수 있어요. (책 138쪽에도 있어요.)

3단계 유의어와 관련된 다양한 유형의 문제를 풀어 봐요.

4단계 유의어를 사용하여 짧은 글을 써 봐요.

각 장 앞에는 갈래별 글쓰기에 대한 설명이 있어요. 공부하기에 앞서 한번 살펴봐요.

사전 활용법과 진도표도 들어 있으니, 유의어를 알차게 공부해 봐요.

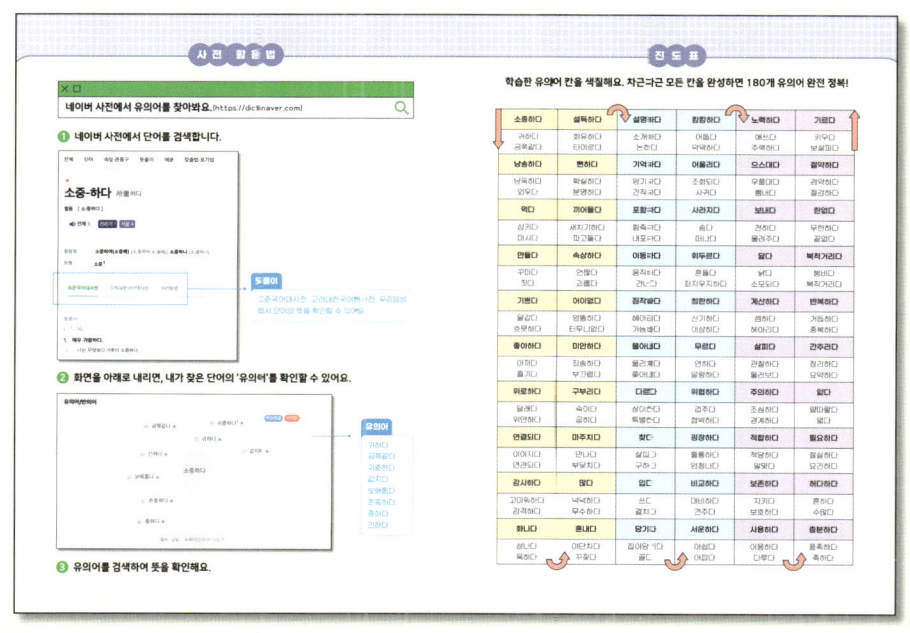

일러두기

- 이 책의 표기법은 국립국어원의 한글 맞춤법과 표준어 규정을 따랐습니다.
- 맞춤법과 띄어쓰기는 될 수 있으면 원칙 규정을 따랐으나, 가독성을 위해 허용 규정을 따른 곳이 있습니다.
- 유의어는 어휘정보처리연구소 '낱말'을 기준으로 했습니다.

사전 활용법

네이버 사전에서 유의어를 찾아봐요. (https://dict.naver.com)

❶ 네이버 사전에서 단어를 검색합니다.

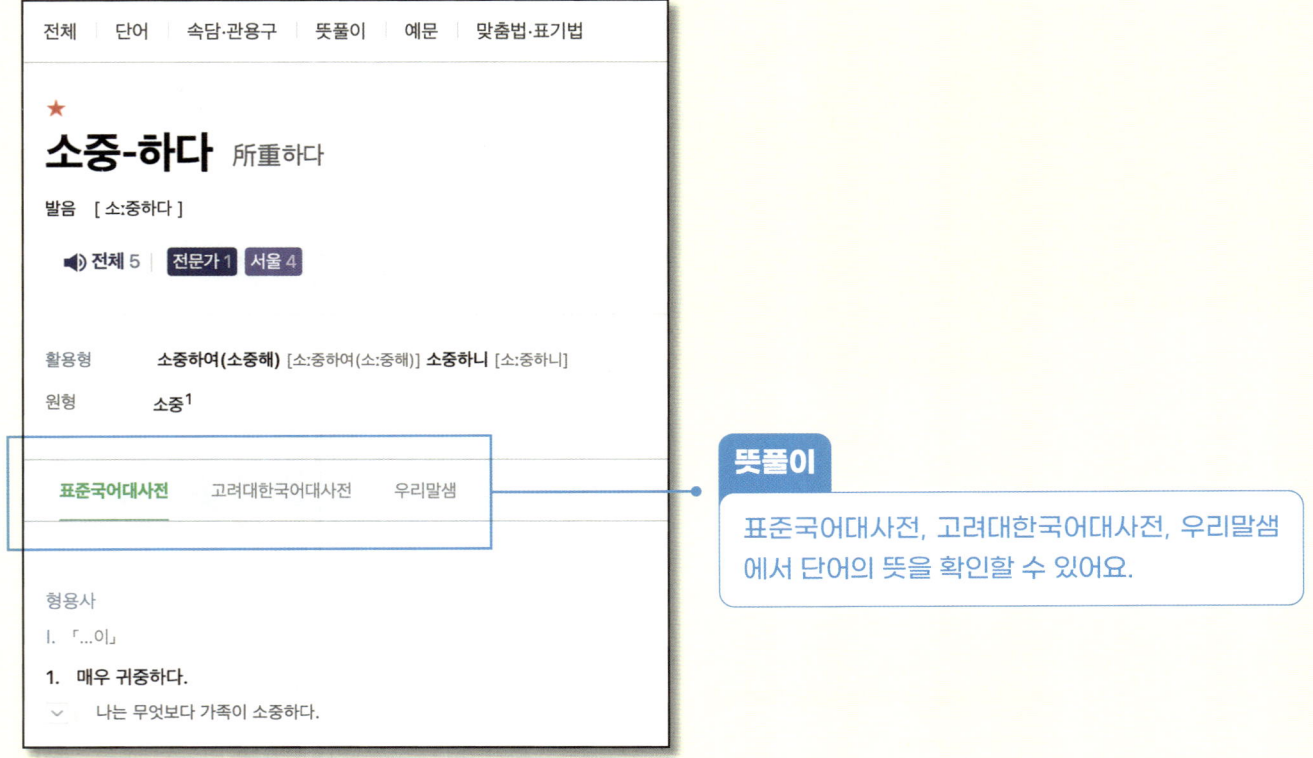

뜻풀이
표준국어대사전, 고려대한국어대사전, 우리말샘에서 단어의 뜻을 확인할 수 있어요.

❷ 화면을 아래로 내리면, 내가 찾은 단어의 '유의어'를 확인할 수 있어요.

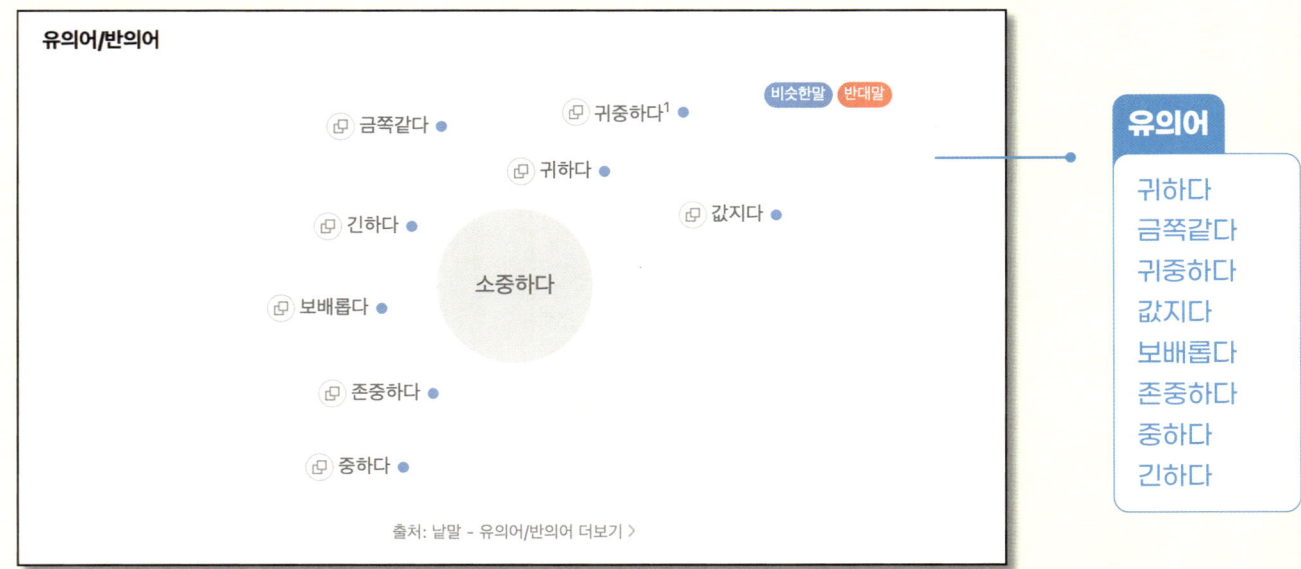

유의어
귀하다
금쪽같다
귀중하다
값지다
보배롭다
존중하다
중하다
긴하다

❸ 유의어를 검색하여 뜻을 확인해요.

진 도 표

학습한 유의어 칸을 색칠해요. 차근차근 모든 칸을 완성하면 180개 유의어 완전 정복!

소중하다	설득하다	설명하다	캄캄하다	노력하다	기르다
귀하다 금쪽같다	회유하다 타이르다	소개하다 논하다	어둡다 막막하다	애쓰다 주력하다	키우다 보살피다
낭송하다	뻔하다	기억하다	어울리다	으스대다	절약하다
낭독하다 외우다	확실하다 분명하다	암기하다 간직하다	조화되다 사귀다	우쭐대다 뽐내다	검약하다 절감하다
먹다	끼어들다	포함하다	사라지다	보내다	한없다
삼키다 마시다	새치기하다 파고들다	함축하다 내포하다	숨다 떠나다	전하다 물려주다	무한하다 끝없다
만들다	속상하다	이동하다	휘두르다	닳다	북적거리다
꾸미다 짓다	언짢다 괴롭다	움직이다 건너다	흔들다 좌지우지하다	낡다 소모되다	붐비다 복작거리다
기쁘다	어이없다	짐작하다	희한하다	계산하다	반복하다
달갑다 흐뭇하다	엉뚱하다 터무니없다	헤아리다 가늠하다	신기하다 이상하다	셈하다 헤아리다	거듭하다 중복하다
좋아하다	미안하다	몰아내다	무르다	살피다	간추리다
아끼다 즐기다	죄송하다 부끄럽다	물리치다 쫓아내다	연하다 말랑하다	관찰하다 둘러보다	정리하다 요약하다
위로하다	구부리다	다르다	위협하다	주의하다	얇다
달래다 위안하다	숙이다 굽히다	상이하다 특별하다	겁주다 협박하다	조심하다 경계하다	얄따랗다 엷다
연결되다	마주치다	찾다	굉장하다	적합하다	필요하다
이어지다 연관되다	만나다 부딪치다	살피다 구하다	훌륭하다 엄청나다	적당하다 알맞다	절실하다 요긴하다
감사하다	많다	입다	비교하다	보존하다	허다하다
고마워하다 감격하다	넉넉하다 무수하다	쓰다 걸치다	대비하다 견주다	지키다 보호하다	흔하다 수닳다
화나다	혼내다	당기다	서운하다	사용하다	충분하다
성나다 욱하다	야단치다 꾸짖다	잡아당기다 끌다	아쉽다 아깝다	이용하다 다루다	풍족하다 족하다

1장

겪은 일을 표현하는 글

"언제, 어디서, 누구와 무엇을 했는지
나의 경험을 자유롭게 표현해 봐!"

겪은 일을 표현하는 글은 1~2학년 때부터 쓰기 시작하는 글이에요. 언제, 어디서, 누구와 무엇을 했는지에 대한 나의 경험을 자유롭게 쓰는 글이죠. 무엇을 보고, 듣고, 했는지를 쓰는 것도 이 유형의 글을 잘 쓰는 방법이에요. 이 유형의 글을 쓰는 방법을 잘 익혀 두면 5~6학년에서 체험이 대한 감상을 나타내는 글을 쓸 때 도움이 될 거예요.

01 소중하다 / 귀하다 / 금쪽같다

| 소 | 중 | 하 | 다 |

매우 귀하고 중요하다.

지난 주말에 가족과 함께 캠핑장에 갔다. 넓은 공원에서 아빠와 공 주고받기 놀이를 했다. 저녁에는 온 가족이 모여 함께 저녁을 만들었다. 밤에는 의자에 앉아 별을 보며 이야기를 나눴다. 오랜만에 가족과 하루 종일 함께한 날이었다. 이번 캠핑은 나에게 정말 소중한 경험이었다.

유의어 알아보기

| 귀 | 하 | 다 |

뜻 **보배롭고 소중하다.**
예 너는 우리 집에서 굉장히 귀한 자식이야.

'귀하다'는 생명처럼 아주 소중한 것과 함께 사용할 수 있어. 또 지위가 높은 사람을 가리키거나, 존중할 만한 것을 얘기할 때도 써. '귀한 집안, 귀한 손님, 귀한 글'처럼 말이야.

| 금 | 쪽 | 같 | 다 |

뜻 **금처럼 귀하고 소중하다.**
예 금쪽같은 시간을 내서 여기에 왔다.

'금쪽같다'의 첫 글자 '금'은 '금은보화, 금괴'와 마찬가지로 '쇠 금(金)'이라는 한자가 쓰였어. 그만큼 소중하다는 뜻이겠지?

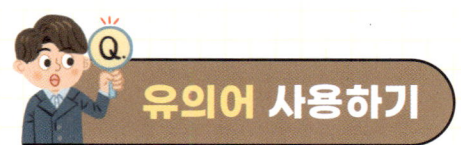 **유의어 사용하기**

① 밑줄 친 단어와 비슷한 의미의 단어를 넣어 문장을 다시 써 보세요.

"너는 하나밖에 없는 <u>소중한</u> 딸이야."

➡ 너는 _____

② 다음 문장을 읽고 빈칸에 가장 어울리는 단어를 <보기>에서 찾아 쓰세요.

| 보기 | 귀한　흔한　부족한 |

"오늘은 [　　　　] 손님이 오시는 특별한 날이니 준비를 단단히 하거라!"

유의어 글쓰기
tip – 귀하게 여겼던 대상은 어떤 물건, 사람, 일이 될 수 있어.

생각 꺼내기 무언가를 '귀하게' 여겼던 경험을 떠올려 써 보세요.

① 언제인가요? _____

② 무엇을 귀하게 여겼나요? _____

③ 왜 귀하게 여겼나요? _____

④ 어떻게 행동했나요? _____

짧은 글쓰기 '소중하다'의 유의어인 '귀하다'를 넣어 내가 겪은 일을 써 보세요.

_____
_____
_____
_____

02 낭송하다 / 낭독하다 / 외우다

| 낭 | 송 | 하 | 다 | 소리 내어 글을 읽거나 외우다. |

지난주 국어 시간에 「하늘」이라는 시를 배웠다. 길지 않은 시라서 쉽게 외울 수 있었다. 어제는 친구들 앞에서 「하늘」을 낭송했다. 집에서 연습할 때는 마음이 편했는데 친구들 앞에 서니 약간 떨렸다. 하지만 큰 소리로 말하다 보니 긴장이 풀렸다. 다행히 틀리지 않고 연습했던 대로 시를 잘 읽을 수 있었다.

유의어 알아보기

| 낭 | 독 | 하 | 다 |

- 뜻 **소리 내어 글을 읽다.**
- 예 우리는 입을 모아 교과서 속 시를 낭독했다.

'낭송하다, 낭독하다'는 모두 소리 내어 읽을 때 사용하는 표현이야. '낭독하다'는 시뿐만 아니라 연설문이나 교과서를 읽을 때도 쓸 수 있어.

| 외 | 우 | 다 |

- 뜻 **말이나 글을 기억하여 한 자도 틀리지 않게 말하다.**
- 예 나는 친구들 앞에서 천자문을 줄줄 외웠다.

'외우다'는 '엄마의 전화번호를 외우고 있어'처럼 무언가를 머릿속으로 기억할 때도 사용해.

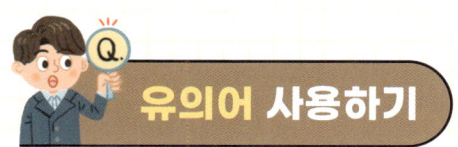 **유의어 사용하기**

① 다음 문장에서 바르지 않게 사용된 단어를 알맞은 단어로 고치세요.

운율에 맞춰 동시를 낭비하다 보니 목이 너무 아파.

➡ 운율에 맞춰 동시를 ☐ 보니 목이 너무 아파.

② 다음 중 단어의 뜻을 알맞게 풀이한 것에 ○표 하세요.

① 낭독하다 : 글을 소리 내지 않고 마음속으로 읽다. ( )

② 외우다 : 글을 기억해서 말하다. ( )

유의어 글쓰기

🔆 **생각 꺼내기**   동시를 낭독해 본 경험을 떠올려 써 보세요.

① 언제, 어디서 동시를 낭독했나요? _____

② 낭독한 동시의 제목은 무엇인가요? _____

③ 이 동시는 무엇에 관한 시인가요? _____

④ 낭독할 때의 기분은 어땠나요? _____

✏️ **짧은 글쓰기**   '낭송하다'의 유의어인 '낭독하다'를 넣어 내가 겪은 일을 써 보세요.

_____
_____
_____
_____

1장 ★ 겪은 일을 표현하는 글

03 먹다 / 삼키다 / 마시다

| 먹 | 다 | 음식 등을 입으로 넣어 배 속으로 보내다. |

어제 누나와 함께 핫케이크를 만들었다. 먼저 마트에서 핫케이크 가루를 사 왔다. 가루에 우유와 달걀을 넣고 숟가락으로 잘 저었다. 그다음 프라이팬에 기름을 두르고 핫케이크 반죽을 구웠다. 4분 정도 구우니 달콤한 핫케이크가 완성됐다. 나와 누나는 우리가 만든 핫케이크를 맛있게 나눠 먹었다.

유의어 알아보기

| 삼 | 키 | 다 |

뜻 **어떤 것을 입에 넣어 목구멍으로 넘기다.**

예 시완이는 알약을 꼴딱 삼켰다.

'삼키다'는 먹는다는 뜻 외에 다른 사람의 물건이나 돈을 내 것으로 만들어 버린다는 뜻이 있어. '친구의 물건을 삼켰다'처럼 사용하지.

| 마 | 시 | 다 |

뜻 **액체를 목으로 넘기다.**

예 시원한 사과 주스를 마시다.

'마시다'는 주로 물이나 우유 같은 액체를 마실 때 사용해. '먹다'와 '마시다'는 공기나 연기를 들이쉴 때도 사용할 수 있어. '신선한 공기를 먹다, 신선한 공기를 마시다'처럼 말이야.

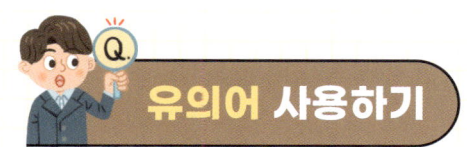 **유의어 사용하기**

1 <보기> 속 단어를 넣어 짧은 글을 완성해 보세요.

> 보기   삼키다가   마시면서

오늘 아침에 고구마를 먹었다. 그런데 고구마를 [　　　　] 너무 퍽퍽해서 체할 뻔했다. 다음에 고구마를 먹을 때는 물이나 우유를 [　　　　] 먹어야겠다.

2 다음 밑줄 친 부분과 바꿔 쓸 수 없는 단어를 고르세요.

"은주는 물을 삼켰다."

① 먹었다   ② 마셨다   ③ 멈췄다   ④ 들이마셨다

유의어 글쓰기

🔆 **생각 꺼내기** 맛있는 음식을 꿀꺽 삼켰던 경험을 떠올려 써 보세요.

① 어떤 음식을 좋아하나요? _____

② 꿀꺽 삼키고 싶은 음식은 무엇인가요? _____

③ 이 음식을 언제 먹었나요? _____

④ 어떤 생각을 했나요? _____

✏️ **짧은 글쓰기** '먹다'의 유의어인 '삼키다'를 넣어 내가 겪은 일을 써 보세요.

_____

_____

_____

_____

1장 ★ 겪은 일은 표현하는 글

04 만들다 / 꾸미다 / 짓다

만들다
노력하여 물건을 완성하다.

미술 시간에 지점토로 음식을 만들었다. 나는 초밥을 만들었고 내 짝은 우동을 만들었다. 두 개를 합하니 멋진 우동 초밥 세트가 됐다. 우리가 만든 지점토 음식을 책상 위에 올려놓고 진짜 식당에 온 것처럼 놀이했다. 메뉴가 조금 부족한 것 같아 우리는 비빔밥과 김밥, 피자 같은 음식들도 만들었다.

 **유의어 알아보기**

꾸미다
뜻 멋이 나게 만지거나 손질하다.
예 멋지게 꾸미고 어디 가는 거야?

'꾸미다'는 무언가를 멋이 나게 만든다는 뜻 외에 거짓을 만들 때도 사용해. '그럴듯한 거짓말을 꾸며 내다'나 '꾸며 낸 상상 속 주인공'처럼 사용하지.

짓다
뜻 밥이나 집 같은 것을 만들다.
예 이 집은 유명한 건축가가 지은 집이야.

'짓다'는 '밥을 짓다, 집을 짓다'로 쓸 수 있어. 또 시나 가사를 쓸 때, 죄를 저질렀을 때, 약을 만들 때도 사용하는 단어야.

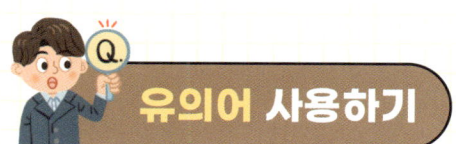 

유의어 사용하기

1 다음 중 '꾸미다'와 어울리는 상황에 O표 하세요.

① 아이 : 우와, 엄마! 오늘 왜 이렇게 멋진 옷을 입으셨어요?   (   )

② 엄마 : 오늘은 정말 날씨가 맑구나.   (   )

2 다음 중 단어의 뜻을 잘못 설명한 문장에 X표 하세요.

① 꾸미다 : 멋있게 보이도록 잘 손질하다.   (   )

② 짓다 : 때려 부수거나 무너뜨리다.   (   )

유의어 글쓰기

생각 꺼내기 무언가를 꾸며 본 경험을 떠올려 써 보세요.

1 언제, 무엇을 꾸몄나요? _____

2 왜 꾸몄나요? _____

3 어떻게 꾸몄나요? _____

4 그때 기분은 어땠나요? _____

짧은 글쓰기 '만들다'의 유의어인 '꾸미다'를 넣어 내가 겪은 일을 써 보세요.

_____

_____

_____

_____

1장 ✱ 겪은 일은 표현하는 글

05 기쁘다 / 달갑다 / 흐뭇하다

기 쁘 다 원하는 바를 이루어 만족스럽다.

어제 학급 임원 선거를 했다. 나는 임원 후보로 나갈지 말지 고민하다가, 안 나가면 후회할 것 같아 용기를 내서 출마했다. 첫 순서로 소견 발표를 해서 많이 떨렸다. 하지만 친구들이 잘 들어 주어서 기뻤다. 나머지 친구들의 소견 발표가 끝난 뒤, 우리는 투표를 했다. 놀랍게도 내가 가장 많은 표를 받았다. 학급 임원이 되어 너무 기쁜 하루였다.

 **유의어 알아보기**

달 갑 다

뜻 **불만이 없고 만족스럽다.**

예 그 소식은  않았다.

'달갑다'는 주로 부정의 형태로 사용해. '달갑지 않다, 달갑지 못하다'처럼 말이야. 그 뜻은 만족스럽지 않다는 이야기겠지?

흐 뭇 하 다

뜻 **마음이 흡족하다.**

예 맛있는 음식으로 가득 찬 식탁을 보면 .

'흐뭇하다'는 '흐뭇한'으로 바꿔서 사용할 수 있어. '흐뭇한 기분, 흐뭇한 표정, 흐뭇한 미소'처럼 다른 단어를 꾸며 줄 수 있지.

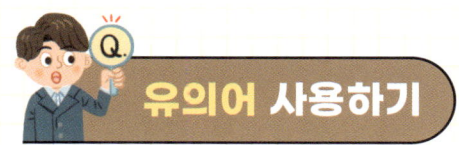

유의어 사용하기

1 빈칸에 알맞은 단어를 넣어 유의어의 뜻을 완성해 보세요.

① **달갑다** : 불만이 없고 (   )스럽다.

② **흐뭇하다** : 마음이 (   )하다.

2 다음 문장의 빈칸에 공통으로 들어갈 단어를 골라 ○표 하세요.

선생님께서 살짝 웃으시며 우리 반 친구들을 (   )하게 바라보셨다.

네가 맛있게 먹는 걸 보면 엄마는 (   )하단다.

> **보기**   최고   기쁨   흐뭇   미안

유의어 글쓰기

생각 꺼내기 흐뭇한 기분을 느꼈던 경험을 떠올려 써 보세요.

① 언제 느꼈나요? _____

② 흐뭇했던 이유는 무엇인가요? _____

③ 어떤 생각을 했나요? _____

④ 다시 이 기분을 느끼려면 어떻게 해야 할까요? _____

짧은 글쓰기 '기쁘다'의 유의어인 '흐뭇하다'를 넣어 내가 겪은 일을 써 보세요.

_____

_____

_____

_____

06 좋아하다 / 아끼다 / 즐기다

좋 아 하 다   좋은 감정을 가지다.

나는 어린이 박물관에 가는 것을 좋아한다. 그래서 시간이 나면 가족들과 어린이 박물관에 자주 간다. 지난 주말에도 박물관에 다녀왔다. 그곳에서 해양 오염과 관련된 전시를 봤다. 죽은 거북이의 배 속에서 비닐봉지와 칫솔, 오래된 그물 등이 나왔다. 나는 박물관에서 집으로 오는 길에 거북이는 왜 쓰레기를 먹게 되었을까를 계속해서 생각했다.

 **유의어 알아보기**

아 끼 다

- 뜻 물건, 사람 등을 소중하게 여기다.
- 예 이 책은 내가 정말 아끼는 책이야.

'아끼다'는 물건이나 사람을 소중하게 다룰 때도 사용하지만, 돈이나 시간을 함부로 쓰지 않을 때도 사용해. '돈을 아끼다, 시간을 아끼다'처럼 말이야.

즐 기 다

- 뜻 어떤 것을 좋아해서 자주 하다.
- 예 나는 영화관에 가는 것을 즐긴다.

'즐기다'는 '여행을 즐겨'처럼 좋아하는 행동을 자주 할 때, '과일을 즐겨'처럼 좋아하는 음식을 자주 먹을 때, '운동화를 즐겨 신어'처럼 좋아하는 신발을 자주 신을 때도 사용할 수 있어.

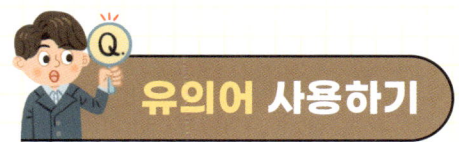 

유의어 사용하기

1 초성 힌트를 보고, 문장에 어울리는 단어를 써넣어 보세요.

① 우리 부모님만큼 나를 [ㅇㄲ] 주시는 분은 없지.　_____

② 나의 아버지께서는 낚시를 [ㅈㄱ]신다.　_____

2 단어에 대해 바르게 말한 친구에게 O표 하세요.

도연: '아끼다'는 돈, 시간이 아닌 물건을 아낄 때만 사용해.　(　　)

한수: '즐기다'는 '가까이하다, 좋아하다'와 비슷한 뜻이야.　(　　)

유의어 글쓰기

◆ 생각 꺼내기 어떤 물건을 아꼈던 경험을 떠올려 써 보세요.

① 어떤 물건인가요?　_____

② 어떻게 생겼나요?　_____

③ 그 물건을 아끼게 된 이유는 무엇인가요?　_____

④ 어떻게 아끼었나요?　_____

✏️ 짧은 글쓰기 '좋아하다'의 유의어인 '아끼다'를 넣어 내가 겪은 일을 써 보세요.

_____

_____

_____

_____

1장 ✿ 겪은 일을 표현하는 글

07 위로하다 / 달래다 / 위안하다

위 로 하 다   따뜻한 말과 행동으로 슬픔을 덜어 주다.

누나가 한국사 자격증 시험에 떨어졌다. 열심히 공부했지만 3점 차이로 자격증을 따지 못했다. 누나는 시험 결과를 확인하고 너무 아쉬워했다. 나는 어떻게 누나를 위로해 줄 수 있을지 생각했다. 내 방에 숨겨 두었던 초코 쿠키를 나눠 먹는 게 좋을 것 같았다. 나는 초코 쿠키를 건네면서 "다음엔 합격할 거야."라고 말하여 누나를 위로했다.

유의어 알아보기

달 래 다

뜻 **힘들어하는 사람을 타일러 기분을 가라앉히다.**

예 배고파서 우는 아이를 달래다.

'달래다'는 슬픔이나 고통을 느끼는 사람의 기분을 다독일 때 쓰는 단어야. 그래서 울거나 슬퍼하거나 괴로워하는 내용과 같이 나오지.

위 안 하 다

뜻 **다른 사람을 위로하여 마음을 편안하게 하다.**

예 해외 동포를 위안하는 뮤지컬이 열릴 예정이다.

'위안하다'는 '위로할 위(慰), 편안할 안(安)'이라는 한자를 써. 위로하여 편안하게 한다는 뜻이지.

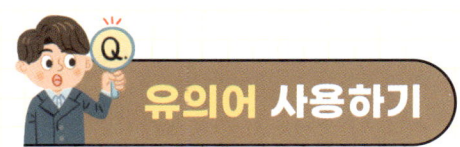

유의어 사용하기

1 '위로하다'와 비슷한 단어를 모두 골라 ○표 하세요.

> 달래다   미워하다   위안하다   비난하다   주장하다

2 괄호 속 단어를 활용하여 문장을 바꾸어 써 보세요.

① 어젯밤 울고 있는 동생을 위로해 주었다.

➡ (달래다) _____

② 미진이는 친구의 슬픔을 위로하기 위해 어깨를 토닥였다.

➡ (위안하다) _____

유의어 글쓰기

생각 꺼내기 누군가를 달래 준 경험을 떠올려 써 보세요.

1 누구를 달래 주었나요? _____

2 왜 달래 주었나요? _____

3 어떻게 달래 주었나요? _____

4 다음에는 어떻게 달랠 것인가요? _____

짧은 글쓰기 '위로하다'의 유의어인 '달래다'를 넣어 내가 겪은 일을 써 보세요.

_____

_____

_____

_____

1장 ✿ 겪은 일은 표현하는 글

08 연결되다 / 이어지다 / 연관되다

연 결 되 다
사물과 사물이 서로 끊어지지 않는다.

지난 여름 방학에 가족들과 함께 기차 여행을 다녀왔다. 우리 지역의 기차역은 지하철과 바로 **연결되어** 있다. 그래서 지하철을 타고 기차역으로 향했다. 우리 가족의 목적지는 전라남도 목포였다. 목포에서 바다와 갈매기를 구경하고, 맛있는 게장 한정식도 먹었다. 다음 방학에도 가족과 함께 여행을 가고 싶다.

 **유의어 알아보기**

이 어 지 다
뜻 서로 따로 있던 것이 마주 닿다.
예 이 골목은 학교 가는 길과 **이어진다**.

'이어지다'는 어떤 일이 시간이 흘러도 계속되는 것을 뜻하기도 해. '이 집의 만두 만드는 비법은 지금까지 이어져 오고 있다'처럼 말이야.

연 관 되 다
뜻 사건, 사물 등이 어떠한 관계로 연결되다.
예 말과 행동은 서로 **연관되어** 있어.

'연관되다'의 '관'은 '관계할 관(關)'이라는 한자야. '관계되다, 관련되다'도 비슷한 뜻이지.

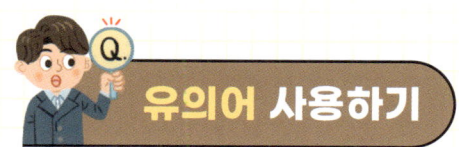

유의어 사용하기

1 밑줄 친 단어와 비슷한 의미의 단어를 넣어 문장을 다시 써 보세요.

"이 비밀의 문은 지하실로 <u>연결되어</u> 있어."

➡ _____

2 다음 문장을 읽고 괄호에 가장 어울리는 단어를 <보기>에서 찾아 쓰세요.

> **보기**   어려운   연관된   쉬운   재밌는

"이 문제는 방금 풀었던 문제와 [   ] 문제인 것 같아."

유의어 글쓰기

생각 꺼내기 연관된 사람(들)과 함께했던 경험을 떠올려 써 보세요.

1. 나와 연관된 사람은 누구인가요? _____
2. 왜 그 사람과 연관되었다고 생각하나요? _____
3. 그 사람과 무엇을 했나요? _____
4. 그때 기분은 어땠나요? _____

짧은 글쓰기 '연결되다'의 유의어인 '연관되다'를 넣어 내가 겪은 일을 써 보세요.

_____
_____
_____
_____

1장 ★ 겪은 일을 표현하는 글

09 감사하다 / 고마워하다 / 감격하다

감사하다 — 고마운 마음을 가지다.

나는 올 한 해 다른 사람들에게 감사한 일이 참 많다. 먼저 선생님께 감사하다. 1년 동안 나를 항상 따뜻하게 대해 주셨기 때문이다. 두 번째로 내 친구 미소에게 감사하다. 나에게 힘든 일이 있을 때마다 나를 위로해 주었기 때문이다. 마지막으로 내 동생 수현이에게 감사하다. 매일 나와 함께 노는 것을 좋아해 주었기 때문이다.

 ### 유의어 알아보기

고마워하다
- 뜻: 고마운 마음을 가지다.
- 예: 내가 늘 고마워하는 거 알지?

'고마워하다'는 '고맙다'에 '-어하다'가 붙어 만들어진 단어야. '그립다'가 '그리워하다'로, '행복하다'가 '행복해하다'로 바뀌는 것과 같아.

감격하다
- 뜻: 고마움을 많이 느껴 감동하다.
- 예: 나는 나를 항상 걱정해 주는 미소의 마음에 감격했다.

'감격하다'는 고마움을 느낄 때뿐 아니라, 무언가에 크게 감동할 때도 쓸 수 있어. '우리 반의 결승 진출에 감격했다'처럼 말이야.

유의어 사용하기

1 다음 문장에서 바르지 않게 사용된 단어를 알맞은 단어로 고치세요.

나는 나를 직접 축하해 주러 온 선우의 마음에 **감미했다**.

➡ 나는 나를 직접 축하해 주러 온 선우의 마음에 ☐

2 다음 중 단어의 뜻이 알맞게 풀이된 것에 ○표 하세요.

① 고마워하다 : 미워하는 마음을 가지다. ( )

② 감격하다 : 고마움을 느껴 감동하다. ( )

유의어 글쓰기

생각 꺼내기 친구나 가족이 나에게 고마워했던 경험을 떠올려 써 보세요.

① 누가 나에게 고마워했나요? _____

② 어떤 일 때문에 고마워했나요? _____

③ 나에게 어떻게 고마움을 표현했나요? _____

④ 그때 나는 어떤 생각을 했나요? _____

짧은 글쓰기 '감사하다'의 유의어인 '고마워하다'를 넣어 내가 겪은 일을 써 보세요.

_____
_____
_____
_____

1장 ★ 겪은 일을 표현하는 글

10 화나다 / 성나다 / 욱하다

화 나 다
마음에 들지 않아서 가슴이 답답해지다.

어제 정말 화나는 일이 있었다. 친구가 나의 허락도 없이 내 지우개를 함부로 사용했기 때문이다. 내가 빌려주지 않는 것도 아닌데, 자기 마음대로 내 물건을 가져가서 기분이 정말 나빴다. 그런데 친구는 지금까지 미안하다는 말도 하지 않았다. 너 때문에 정말 화났다고 내가 먼저 말해야 하는 걸까?

 **유의어 알아보기**

성 나 다

- 뜻 매우 불쾌하여 화가 나다.
- 예 형은 **성난** 얼굴로 나를 바라봤다.

'성나다'는 화가 날 때뿐 아니라 거칠고 격한 것을 가리킬 때도 사용해. 파도와 불길이 아주 거셀 때 '성난 파도, 성난 불길'처럼 표현해 봐.

욱 하 다

- 뜻 갑작스럽게 불쑥 마음이 격해지다.
- 예 그는 **욱하는** 성격이 있다.

'욱하다'에 있는 '욱'은 갑자기 화가 나는 마음이 훅 나오는 모양을 가리키는 말이야. '분노가 욱 치밀었다'처럼 사용해.

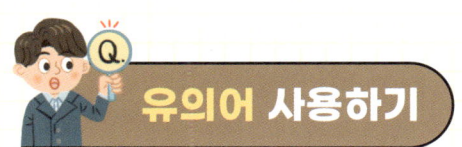

유의어 사용하기

1 빈칸에 알맞은 단어를 넣어 유의어의 뜻을 완성해 보세요.

① 성나다 : 매우 (　　　　) 화가 나다.

② 욱하다 : 갑작스럽게 불쑥 마음이 (　　　　).

2 다음 문장의 빈칸에 공통으로 들어갈 단어를 골라 ○표 하세요.

낯선 사람을 보고 (　　　　) 개가 무섭게 짖었다.

화가 잔뜩 난 아버지는 (　　　　) 목소리로 말씀하셨다.

> **보기**　　　미운　좋은　성난　기쁜

유의어 글쓰기

생각 꺼내기 내가 욱했던 경험을 떠올려 써 보세요.

① 누구와 관련된 일인가요? _____

② 왜 화가 났나요? _____

③ 그때 어떻게 행동했나요? _____

④ 그때 어떤 생각을 했나요? _____

짧은 글쓰기 '화나다'의 유의어인 '욱하다'를 넣어 내가 겪은 일을 써 보세요.

_____

_____

_____

_____

1장 ★ 겪은 일을 표현하는 글

11. 혼내다 / 야단치다 / 꾸짖다

혼내다
잘못에 대해 나무라거나 벌을 주다.

지난주에 처음으로 동생을 혼냈다. 동생이 내 방을 어질러 놓았기 때문이다. 동생은 장난감을 찾느라 내 방에 있는 모든 물건을 꺼내 놓았다. 이번에 말하지 않으면 다음에 또 그럴 것 같아서 어쩔 수 없이 혼냈다. 혼내고 나니 마음이 좋지 않았다. 동생이 아직 어려서 잘 몰랐을 수 있는데 괜히 화를 낸 것 같기도 하다.

유의어 알아보기

야단치다
뜻 **소리 높여 나무라다.**
예 시우가 모르고 그랬으니 너무 야단치지 마세요.

'야단치다'는 누군가를 혼내는 말이야. 그럼 누구에게 혼났다는 건 어떻게 말할까? 그건 '야단맞다'라고 해. '시우는 엄마에게 야단맞았다'처럼 쓸 수 있어.

꾸짖다
뜻 **잘못을 지적하여 말하다.**
예 아빠가 동생을 엄하게 꾸짖으셨다.

'꾸짖다' 앞에는 '호되게, 엄하게'와 같은 부사가 올 수 있어. 매우 심하게, 무섭게 꾸짖는다는 뜻이야.

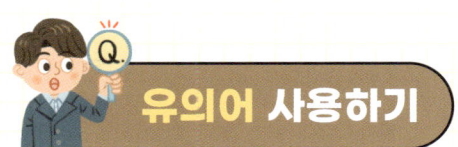

유의어 사용하기

1) 다음 중 '야단치다'와 어울리는 상황에 ○표 하세요.

① 아빠 : 너! 방이 이게 뭐야. 언제 정리할 거야!   (   )

② 엄마 : 우리 딸은 역시 대단해. 너무 잘했어.   (   )

2) 다음 중 단어의 뜻을 잘못 설명한 문장에 X표 하세요.

① 야단치다 : 다른 사람을 소리 높여 나무라다.   (   )

② 꾸짖다 : 윗사람이 아랫사람을 칭찬하다.   (   )

유의어 글쓰기

생각 꺼내기 누군가가 야단치는 것을 본 경험을 떠올려 써 보세요.

1) 누가 누구에게 야단쳤나요? _____

2) 왜 야단쳤나요? _____

3) 그때 나는 어떻게 행동했나요? _____

4) 그때 나는 어떤 생각을 했나요? _____

짧은 글쓰기 '혼내다'의 유의어인 '야단치다'를 넣어 내가 겪은 일을 써 보세요.

_____

_____

_____

_____

1장 ★ 겪은 일을 표현하는 글

12 많다 / 넉넉하다 / 무수하다

많다
양이나 수가 보통을 넘어서다.

우리 반 학급 문고에는 재미있는 책이 **많은데**, 그중에서 내가 좋아하는 책은 『좁쌀 한 톨』이라는 책이다. 어제 아침 시간에 이 책을 또 읽었다. 이 책은 똑똑한 청년이 좁쌀 한 톨에서 시작해 어마어마한 부자가 된다는 이야기다. 나는 이 이야기가 너무 재미있어서 오늘도 쉬는 시간을 이용해 한 번 더 읽을 생각이다.

유의어 알아보기

넉넉하다
- 뜻 **모자라지 않고 남는다.**
- 예 쿠키가 **넉넉하니** 더 먹고 싶으면 먹어도 좋아.

'넉넉하다'는 물건이 많을 때도 사용하지만, 마음이 넓을 때나 마음에 여유가 있을 때도 사용하는 말이야. '민석이는 마음이 넉넉하다'처럼 말이야.

무수하다
- 뜻 **셀 수 없이 많다.**
- 예 대현이는 **무수한** 경쟁자를 제치고 결승전에 진출했다.

'무수하다'는 '없을 무(無), 셀 수(數)'를 써서 '수를 셀 수 없다'는 뜻이야. 반대말인 '유수하다'는 손가락으로 셀 수 있을 만큼 두드러지는 것을 말해. '훌륭하다, 뛰어나다'는 뜻이지.

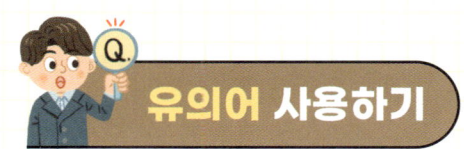 **유의어 사용하기**

① <보기> 속 단어를 넣어 짧은 글을 완성해 보세요.

> 보기   넉넉한   무수히

채원이는 마음이 _____ 친구다. 3년 동안 채원이랑 친하게 지내면서도 _____ 싸웠는데, 채원이가 늘 먼저 사과했다. 앞으로 싸우게 된다면 내가 먼저 사과할 것이다.

② 다음 밑줄 친 부분과 바꿔 쓸 수 없는 단어를 고르세요.

"밤하늘 좀 봐! <u>무수히</u> 많은 별이 있어."

① 수없이   ② 셀 수 없이   ③ 헤아릴 수 없이   ④ 셀 수 있을 만큼

유의어 글쓰기

🔆 **생각 꺼내기** 무수한 것을 본 경험을 떠올려 써 보세요.

① 무엇을 보았나요? _____

② 그것은 어떤 특징이 있나요? _____

③ 그것의 다른 특징은 무엇인가요? _____

④ 그것을 보면 어떤 생각이 드나요? _____

✏️ **짧은 글쓰기** '많다'의 유의어인 '무수하다'를 넣어 내가 겪은 일을 써 보세요.

_____
_____
_____
_____

13 마주치다 / 만나다 / 부딪치다

마 주 치 다   우연히 서로 만나다.

어제 엄마와 함께 도서관에 갔다. 읽고 싶은 그림책이 도서관에 들어왔다는 소식을 들었기 때문이다. 기쁜 마음에 학교가 끝나자마자 바로 갔는데 그곳에서 선영이와 마주치게 되었다. 지난주에 선영이와 다툰 뒤로 선영이를 피해 다녔었는데, 우연히 만나게 되었다. 우리는 어색하게 인사를 하고 헤어졌다.

 **유의어 알아보기**

만 나 다

- 뜻 두 사람이 서로 마주하다.
- 예 우리 학교 교문 앞에서 만나는 게 어때?

'만나다'는 어떤 일이나 어려움을 당했을 때도 사용해. '즐거운 일을 만나다, 힘든 일을 만나다'처럼 말이야.

부 딪 치 다

- 뜻 생각하지 않았던 사람을 만나다.
- 예 나는 학교 앞 서점에서 지영이와 부딪쳤다.

'부딪치다'는 보통 '손뼉을 부딪치다'처럼 무언가가 힘 있게 마주 닿을 때 많이 사용해. 이제는 예상하지 못한 사람을 우연히 만났을 때도 한번 사용해 봐.

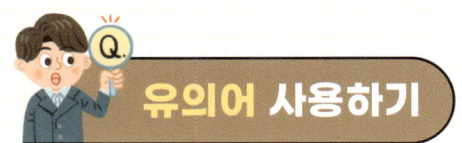 **유의어 사용하기**

① 초성 힌트를 보고, 문장에 어울리는 단어를 써넣어 보세요.

① 우리 둘이 [ㅁㄴ]서 이야기를 해 보자.　　　　_____

② 나와 미소는 1년 만에 학원에서 [ㅂㄷ]쳤다.　　　_____

② 단어에 대해 바르게 말한 친구에게 ○표 하세요.

동연: '만나다'는 누군가가 오거나 가서 두 사람이 마주 볼 때 사용해. (　　)

정이: '부딪치다'는 무언가를 떨어지지 않게 붙일 때 사용하는 말이야. (　　)

유의어 글쓰기

생각 꺼내기 누군가를 우연히 만난 경험을 떠올려 써 보세요.

① 누구를 만났나요?　_____

② 어디서 만났나요?　_____

③ 그때 기분은 어땠나요?　_____

④ 그 사람과 어떤 말을 했나요?　_____

짧은 글쓰기 '마주치다'의 유의어인 '만나다'를 넣어 내가 겪은 일을 써 보세요.

_____

_____

_____

_____

14 구부리다 / 숙이다 / 굽히다

구 부 리 다
한쪽으로 약간 휘게 하다.

친한 형과 함께 줄넘기를 연습했다. 형은 줄넘기를 정말 잘한다. 그래서 나에게 줄넘기하는 방법을 가르쳐 줬다. 나는 두 가지 방법을 배웠다. 첫 번째는 다리를 살짝 **구부리며** 점프하는 것이다. 두 번째는 줄을 돌릴 때 팔을 살짝 구부렸다 폈다 하는 것이다. 이 방법을 알고 나서 나는 줄넘기 50개를 쉬지 않고 할 수 있게 됐다.

 **유의어 알아보기**

숙 이 다

- 뜻 **앞으로 또는 한쪽으로 기울게 하다.**
- 예 신하는 고개를 **숙이며** 임금에게 인사했다.

'숙이다'는 주로 '고개를 숙이다'라고 많이 표현해. '고개'가 아닌 '허리, 머리' 등을 숙일 때도 사용할 수 있어.

굽 히 다

- 뜻 **한쪽으로 휘게 하다.**
- 예 그는 허리를 **굽히며** 떨어진 지폐를 주웠다.

'굽히다'는 몸이나 물건을 휘게 할 때도 쓰지만, 자신의 뜻이나 주장을 포기하고 다른 사람의 생각을 따를 때도 사용해. '결국 나의 뜻을 굽혔다'처럼 말이야.

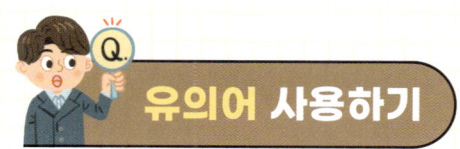 

유의어 사용하기

① '구부리다'와 비슷한 단어를 모두 골라 ○표 하세요.

> 숙이다   일어서다   굽히다   엎드리다   잡다

② 괄호 속 단어를 활용하여 문장을 바꾸어 써 보세요.

① 먼저 허리를 구부리면서 바닥에 손을 대 보세요.

➡ (숙이다) _____

② 다리를 구부려 앉는 게 힘들면 서 있어도 좋습니다.

➡ (굽히다) _____

유의어 글쓰기

생각 꺼내기 누군가에게 고개를 숙이며 인사했던 경험을 떠올려 써 보세요.

① 언제, 누구에게 인사했나요? _____

② 인사를 받은 사람은 어떤 말을 했나요? _____

③ 그때 기분은 어땠나요? _____

④ 어떤 생각을 했나요? _____

짧은 글쓰기 '구부리다'의 유의어인 '숙이다'를 넣어 내가 겪은 일을 써 보세요.

_____

_____

_____

_____

1장 ★ 겪은 일은 표현하는 글

15 미안하다 / 죄송하다 / 부끄럽다

| 미 | 안 | 하 | 다 | 다른 사람을 괴롭게 하여 마음이 불편하다. |

지호와 나는 어제 드디어 화해했다. 우리는 일주일 전에 장난치다 기분이 상해서 다퉜다. 그래서 그동안 서로 말하지 않았다. 내가 먼저 미안하다고 말할까 했는데, 자존심이 상하는 것 같아 말하지 않았다. 그런데 어제 지호가 나에게 먼저 미안하다고 말했다. 먼저 용기 내지 못한 내가 조금 부끄러웠다. 하지만 지호와 다시 가까워져서 좋다.

 **유의어 알아보기**

| 죄 | 송 | 하 | 다 |

- 뜻 죄를 지은 듯이 마음이 불편하고 미안하다.
- 예 선생님, 늦어서 죄송해요.

'죄송하다'는 '미안하다'보다 마음이 더 클 때 사용하거나, 윗사람에게 미안한 마음을 전할 때 사용하는 표현이야.

| 부 | 끄 | 럽 | 다 |

- 뜻 자신의 행동이 옳지 않은 것 같아 떳떳하지 못하다.
- 예 친구들에게 거짓말을 한 내 자신이 너무 부끄럽다.

'부끄럽다'는 수줍을 때도 사용해. '쑥스럽다'처럼 말이야. 그런데 이렇게 사용할 때는 '미안하다, 죄송하다'와는 느낌이 조금 달라지는 것 같지?

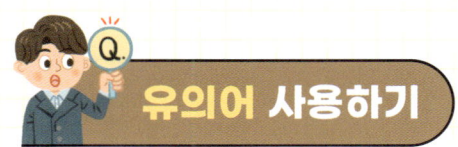 **유의어 사용하기**

① 밑줄 친 단어와 비슷한 의미의 단어를 넣어 문장을 다시 써 보세요.

"제가 실수한 것 같아 너무 <u>미안한</u> 마음이 드네요."

➡ _____

② 다음 문장을 읽고 괄호에 가장 어울리는 단어를 <보기>에서 찾아 쓰세요.

| 보기 | 죄송한　훌륭한　부족한 |

" [　　　] 말씀이지만, 제가 조금 늦을 것 같아요."

유의어 글쓰기

생각 꺼내기 죄송하다고 말했던 경험을 떠올려 써 보세요.

① 언제, 누구에게 말했나요? _____

② 죄송하다고 말한 이유는 무엇인가요? _____

③ 그 말을 들은 사람은 어떤 이야기를 했나요? _____

④ 앞으로 어떻게 행동할 것인가요? _____

짧은 글쓰기 '미안하다'의 유의어인 '죄송하다'를 넣어 내가 겪은 일을 써 보세요.

_____
_____
_____
_____

1장 ★ 겪은 일을 표현하는 글

16 어이없다 / 엉뚱하다 / 터무니없다

어 이 없 다 생각했던 것과 달라 놀랍고 좋지 않다.

어이없는 소문을 들었다. 내가 주아를 좋아한다는 소문이다. 나는 진짜 억울하다. 주아랑 친하게 지내지만 좋아하는 건 아니기 때문이다. 그리고 나는 주아 이외에 다른 친구들과도 친하게 지낸다. 그런데 왜 주아를 좋아한다는 소문이 났는지 이유를 모르겠다. 이 소문을 낸 친구에게 물어보고 싶다. "왜 그렇게 생각해?"

유의어 알아보기

엉 뚱 하 다

- 뜻 사람들이 보통 생각하는 것과 다르다.
- 예 대현이는 약간 엉뚱한 면이 있다.

'어이없는 소문'을 '엉뚱한 소문'으로 바꿔 볼 수 있어. '내가 생각했던 것과 전혀 다른 소문을 들었다'라는 비슷한 뜻이 되겠지?

터 무 니 없 다

- 뜻 전혀 근거가 없다.
- 예 욕심쟁이 노인은 터무니없는 거짓말을 했다.

'터무니없다'의 '터무니'는 근거나 이유라는 뜻이야. 그러니 '터무니없다'라는 말은 근거나 이유가 없다는 말이지.

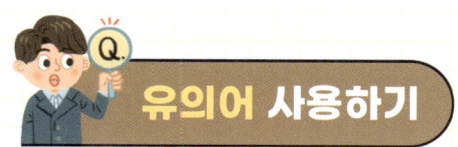 

유의어 사용하기

1 다음 문장에서 바르지 않게 사용된 단어를 알맞은 단어로 고치세요.

네가 자꾸 **어여쁜** 말을 하니까 화가 나.

➡ 네가 자꾸 [　　　　　] 말을 하니까 화가 나.

2 다음 중 단어의 뜻이 알맞게 풀이된 것에 ○표 하세요.

① **엉뚱하다** : 사람들이 생각하는 것과 똑같다.　　　　　(　　)

② **터무니없다** : 전혀 근거가 없다.　　　　　　　　　　(　　)

유의어 글쓰기

🔆 **생각 꺼내기** 엉뚱한 이야기를 들었던 경험을 떠올려 써 보세요.

1 엉뚱한 이야기란 무엇인가요? _____

2 어떤 이야기였나요? _____

3 누구에게 들었나요? _____

4 왜 엉뚱하다고 생각했나요? _____

✏️ **짧은 글쓰기** '어이없다'의 유의어인 '엉뚱하다'를 넣어 너가 겪은 일을 써 보세요.

_____
_____
_____
_____

1장 ★ 겪은 일을 표현하는 글

17 속상하다 / 언짢다 / 괴롭다

속상하다 화가 나거나 걱정이 되어 마음이 불편하고 우울하다.

어제 오랜만에 가족들과 대청소를 했다. 아빠는 거실을, 엄마는 주방을, 누나는 화장실을, 나는 내 방을 청소했다. 그런데 내 방에 있는 물건들을 옮기고 먼지를 털다가 사건이 일어났다. 쌓아 둔 책이 넘어지면서 내가 만든 모형 비행기가 바닥에 떨어진 것이다. 방은 깨끗해졌지만 내가 아끼던 비행기가 망가져서 속상했다.

유의어 알아보기

언짢다

뜻 마음에 들지 않다.
예 아빠가 하는 말을 너무 언짢게 생각하지는 말아 줄래?

'언짢다'는 어떤 것이 마음에 들지 않아서 싫거나 기분 나쁘고 불편한 감정이야.

괴롭다

뜻 몸이나 마음이 불편하고 고통스럽다.
예 알면서도 모르는 척을 하려니 마음이 괴롭다.

'괴롭다'는 내가 느끼는 불편함이야. 다른 사람을 괴롭게 하는 건 '괴롭히다'라고 해. '친구를 괴롭히지 마세요'처럼 사용할 수 있어.

유의어 사용하기

① <보기> 속 단어를 넣어 짧은 글을 완성해 보세요.

> **보기**   언짢게   괴로운

도대체 청소는 언제 할 것이냐는 엄마의 잔소리가 [　　　] 느껴졌다. 바로 오늘 청소할 생각이었는데 말이다. 엄마한테 잔소리를 들을 때마다 [　　　] 마음이 든다.

② 다음 밑줄 친 부분과 바꿔 쓸 수 없는 단어를 고르세요.

"새로 산 자전거에 흠이 나서 <u>속상한</u> 마음이 들어."

① 언짢은   ② 즐거운   ③ 괴로운   ④ 불편한

유의어 글쓰기

생각 꺼내기 마음이 괴로웠던 경험을 떠올려 써 보세요.

① 무엇이 나를 괴롭게 했나요? _____

② 왜 괴로웠나요? _____

③ 그때 어떤 생각을 했나요? _____

④ 괴로움에서 벗어나기 위해 무엇을 했나요? _____

짧은 글쓰기 '속상하다'의 유의어인 '괴롭다'를 넣어 내가 겪은 일을 써 보세요.

_____
_____
_____

18 끼어들다 / 새치기하다 / 파고들다

끼어들다
벌어진 사이를 비집고 들어가다.

어제 점심시간에 지원이와 공기놀이를 하고 있었다. 그런데 갑자기 지희가 **끼어들었다**. 그러면서 "나도 같이하자."라고 말했다. 나는 솔직히 지원이랑만 하고 싶었는데 어쩔 수 없이 셋이 같이했다. 그런데 셋이 해 보니까 둘이서 할 때보다 더 재미있었다. 지희에게 새침하게 대했던 내가 부끄러웠던 하루였다.

유의어 알아보기

새치기하다

뜻 **순서를 지키지 않고 끼어들다.**

예 민주는 급식 줄을 서지 않고 얌체같이 **새치기**를 했다.

'새치기하다'는 줄을 설 때뿐 아니라, 다른 사람이 하려는 일이나 말을 방해할 때도 사용할 수 있어. '기호는 내 말을 새치기했어' 처럼 말이야.

파고들다

뜻 **사람들 사이로 비집고 들어가 발을 붙이다.**

예 지하철을 탈 때 사람들 사이를 억지로 **파고들면** 위험하다.

'파고들다'는 깊숙이 들어간다는 뜻이 담겨 있어. '엄마 품으로 파고들었다'처럼 말이야. '형은 중국어 공부에 파고들었다'처럼 무언가를 깊이 공부할 때도 쓸 수 있어.

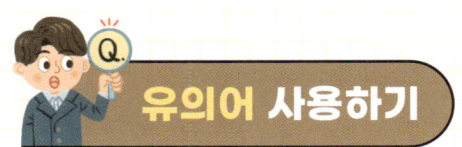

유의어 사용하기

1 초성 힌트를 보고 문장에 어울리는 단어를 써넣어 보세요.

① 자, [ㅅㅊㄱ]하지 말고 순서대로 줄을 서 주세요.　　　_____

② 앞자리에서 공연을 보려던 사람들 사이를 [ㅍㄱ]들어 가야 해.　_____

2 단어에 대해 바르게 말한 친구에게 ○표 하세요.

선영 : '새치기하다'는 순서를 어기고 중간에 끼어들 때 사용해.　(　)

은호 : '파고들다'는 바닥에서 위로 뛸 때 사용해.　(　)

유의어 글쓰기

생각 꺼내기 누군가가 새치기하는 걸 본 경험을 떠올려 써 보세요.

① 언제, 누가 새치기하는 걸 봤나요?　_____

② 왜 새치기했을까요?　_____

③ 그 모습을 보았을 때 어떤 생각을 했나요?　_____

④ 그래서 나는 어떻게 행동했나요?　_____

짧은 글쓰기 '끼어들다'의 유의어인 '새치기하다'를 넣어 내가 겪은 일을 써 보세요.

_____

_____

_____

_____

19 뻔하다 / 확실하다 / 분명하다

뻔 하 다 확인하지 않아도 결과를 알 수 있을 만큼 명확하다.

일주일 전에 친한 형과 철봉에서 오래 매달리기 시합을 하기로 약속했다. 형은 놀이터에서 놀 때마다 철봉을 해서 매달리기를 정말 잘한다. 이대로라면 보나 마나 내가 질 게 뻔했다. 그래서 나도 하루에 한 번씩 매달리기를 연습했다. 바로 오늘이 시합 날이었다. 이번 승부의 결과는 어떻게 되었을까?

 **유의어 알아보기**

확 실 하 다

뜻 틀림없이 그렇다.
예 네가 지금 하는 말이 확실하니?

'확실하다'는 실제 사실과 틀리지 않고 꼭 맞는 것을 표현할 때 사용해. 위 제시문에서 '내가 질 게 뻔했다'를 '내가 질 게 확실했다'로 바꾸어 써 볼 수 있겠지?

분 명 하 다

뜻 어떤 사실이 확실하다.
예 모자를 쓴 아저씨가 범인인 게 분명하다.

'분명하다'의 반대말은 '아닐 불(不)'을 써서 '불분명하다'야. 분명하지 않다는 뜻이지. '확실하다'의 반대말도 '불확실하다'라고 해. 하지만 '뻔하다'는 '불뻔하다'가 아니라 '뻔하지 않다'라고 해야 해.

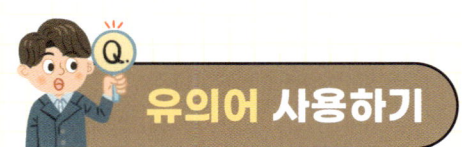 **유의어 사용하기**

1. 빈칸에 알맞은 단어를 넣어 유의어의 뜻을 완성해 보세요.

   ① 확실하다 : (   ) 그렇다.

   ② 분명하다 : 어떤 사실이 (   ) 하다.

2. 다음 문장의 빈칸에 공통으로 들어갈 단어를 골라 ○표 하세요.

   민혁이가 학급 임원이 되는 건 (   ) 한 일이다.

   주장하는 글을 쓸 때는 (   ) 한 근거가 필요합니다.

   | 보기 | 고민   분명   미안   칭찬 |

유의어 글쓰기

생각 꺼내기 확실하게 성공할 것 같았지만, 실패하게 된 경험을 떠올려 써 보세요.

① 어떤 일인가요? _____

② 왜 확실하다고 생각했나요? _____

③ 생각대로 성공하지 못하고 실패한 원인은 무엇인가요? _____

④ 그때 어떤 생각을 했나요? _____

짧은 글쓰기 '뻔하다'의 유의어인 '확실하다'를 넣어 내가 겪은 일을 써 보세요.

_____

_____

_____

_____

1장 ★ 겪은 일은 표현하는 글

20 설득하다 / 회유하다 / 타이르다

| 설 | 득 | 하 | 다 | 상대가 나의 주장에 따르게 하려고 말하다. |

어제 누나가 같이 보드게임을 하자고 나를 설득했다. 누나는 무려 한 시간 동안 보드게임의 재미있는 점을 이야기해 줬다. 누나가 말하는 걸 들어주기 싫은 것은 아니었는데 내가 하고 싶은 게임이 아니라서 고민이 됐다. 결국 다음에 내가 좋아하는 컴퓨터 게임을 함께 하기로 약속한 다음 우리는 보드게임을 했다.

 ### 유의어 알아보기

| 회 | 유 | 하 | 다 |

- 뜻: 잘 달래어 내가 원하는 대로 하게 하다.
- 예: 누나는 나를 회유하려고 맛있는 과자를 들고 내 방에 왔다.

'회유하다'는 '달래다'라는 말과도 비슷해. 상대가 듣기 좋은 말과 태도로 이야기해서 내가 원하는 대로 하게 하는 거야.

| 타 | 이 | 르 | 다 |

- 뜻: 상대방이 깨닫도록 설명하다.
- 예: 선생님께서는 지호에게 알아듣도록 타이르셨다.

'타이르다'는 주로 윗사람이 아랫사람에게 이야기할 때 사용해. 이때 주의해야 할 점은 '타일르다'라고 잘못 쓰지 않는 거야.

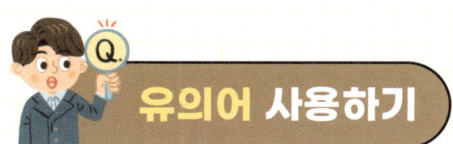

유의어 사용하기

1 다음 중 '타이르다'와 어울리는 상황에 ○표 하세요.

① 아빠 : 우와! 우리 딸이 시험에서 100점을 맞았네! (   )

② 선생님 : 위험한 곳에서 뛰어내리면 안 된단다. (   )

2 다음 중 단어의 뜻을 잘못 설명한 문장에 X표 하세요.

① 회유하다 : 상대방을 달래어 내 생각대로 행동하지 않게 하다. (   )

② 타이르다 : 상대방이 잘 깨달을 수 있도록 설명하다. (   )

유의어 글쓰기

생각 꺼내기 누군가를 회유해 본 경험을 떠올려 써 보세요.

1 언제 회유했나요? _____

2 누구를 회유했나요? _____

3 왜 회유했나요? _____

4 어떻게 회유했나요? _____

짧은 글쓰기 '설득하다'의 유의어인 '회유하다'를 넣어 내가 겪은 일을 써 보세요.

_____
_____
_____
_____

2장

주변 소재에 대해 소개하는 글

"좋아하는 음식과 책, 친구들을 다른 사람에게 소개해 봐!"

주변 소재에 대해 소개하는 글은 1~2학년 때부터 쓰기 시작하는 글이에요. 학교에서, 집에서, 나의 주변에서 자주 볼 수 있는 것들을 다른 사람들에게 소개하는 것이죠. 내가 좋아하는 음식, 놀이, 책, 친구 등 나의 일상을 둘러싼 모든 게 글의 소재가 될 수 있어요. 이 유형의 글을 쓰는 방법을 잘 익혀 두면 5~6학년에서 대상의 특성이 나타나게 설명하는 글을 쓸 때 도움이 될 거예요.

21 설명하다 / 소개하다 / 논하다

설명하다
다른 사람이 잘 알 수 있도록 말하다.

제가 오늘 설명할 주제는 우리 반의 규칙입니다. 우리 반은 다른 반에 비해 규칙이 많지 않습니다. 딱 두 가지의 중요한 규칙이 있습니다. 첫 번째는 '경청하기'입니다. 친구와 선생님의 이야기를 잘 들어야 합니다. 두 번째는 '피해 주지 않기'입니다. 나의 말과 행동으로 친구들을 불편하게 해서는 안 됩니다.

유의어 알아보기

소개하다
뜻 잘 알지 못하는 내용을 알려 주다.
예 너에게 우리 지역의 맛집을 소개할게.

'소개하다'는 내용을 알려 준다는 뜻도 있지만, 서로 잘 알지 못하는 사람들을 서로 알게 만들어 준다는 뜻도 있어. '내 친구를 소개해 줄까?'처럼 사용하는 거야.

논하다
뜻 자신의 의견을 앞뒤가 맞게 말하다.
예 친구의 생각을 잘 들은 다음, 자기 생각을 논하세요.

'논하다'는 '설명하다, 소개하다'보다 조금 더 깊이 있는 생각을 말할 때 사용해. 예를 들어 무엇이 옳고 그른지를 따져 말할 때는 '논하다'라는 유의어를 사용하는 게 좋아.

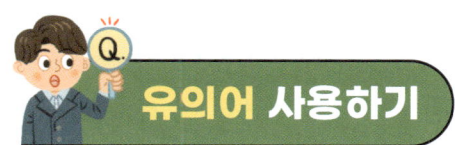

유의어 사용하기

1 빈칸에 알맞은 단어를 넣어 유의어의 뜻을 완성해 보세요.

① **소개하다** : 잘 알지 못하는 내용을 (　　　　).

② **논하다** : 자신의 의견을 (　　　　　　) 말하다.

2 다음 문장의 빈칸에 공통으로 들어갈 단어를 골라 ○표 하세요.

내가 새로 알게 된 친구가 있는데, 이 친구를 (　　　　) 해 줄까?

지난주에 진혁이가 (　　　　) 해 준 분식집에 같이 갈래?

> **보기**　　　소개　　설득　　충고　　자랑

유의어 글쓰기

생각 꺼내기　소개하고 싶은 우리 반의 규칙을 떠올려 써 보세요.

1 첫 번째 규칙은 무엇인가요?　_____

2 그 규칙은 왜 필요할까요?　_____

3 두 번째 규칙은 무엇인가요?　_____

4 그 규칙은 왜 필요할까요?　_____

짧은 글쓰기　'설명하다'의 유의어인 '소개하다'를 넣어 우리 반의 규칙을 소개해 보세요.

_____

_____

_____

_____

22 기억하다 / 암기하다 / 간직하다

기 억 하 다
과거에 경험했던 것을 다시 생각해 내다.

지난 생일에 할머니께 선물로 받은 것은 장난감 로봇입니다. 이 로봇에는 두 가지 특별한 기능이 있습니다. 첫 번째는 팔 위에 있는 단추를 누르면 주먹이 발사된다는 것입니다. 두 번째는 로봇을 공룡으로 변하게 만들 수 있다는 것입니다. 나는 이 로봇을 `기억하기` 쉽게 '티라노봇'이라고 부릅니다.

유의어 알아보기

암 기 하 다

뜻 어떤 내용을 잊지 않도록 외우다.
예 서영이는 시간 날 때마다 영어 단어를 `암기한다`.

'암기하다'는 추억이나 경험보다는 외워야 하는 것들과 같이 사용하는 때가 많아. 영어 단어, 영어 문장, 수학 공식, 전화번호, 사람의 이름처럼 말이야.

간 직 하 다

뜻 어떤 생각이나 기억을 마음속 깊이 가지고 있다.
예 선생님께서 해 주신 말씀을 앞으로도 `간직할게요`.

'간직하다'는 생각이나 기억뿐 아니라 물건을 보관할 때도 사용할 수 있어. '할머니가 쓰시던 붓과 벼루를 서랍에 간직하다'처럼 말이야.

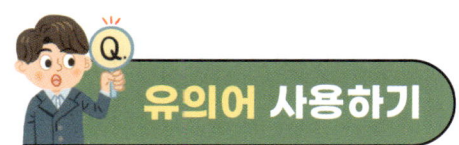

유의어 사용하기

1 초성 힌트를 보고, 문장에 어울리는 단어를 써넣어 보세요.

① 네가 준 편지를 평생 [ㄱㅈ]할게! _____

② 은영이는 영어 단어를 잘 [ㅇㄱ]하는구나! _____

2 단어에 대해 바르게 말한 친구에게 ○표 하세요.

지수 : '암기하다'는 수학 공식이나 전화번호를 외울 때 주로 사용해. (   )

도영 : '간직하다'는 무언가를 잃어버렸을 때 주로 사용해. (   )

유의어 글쓰기

🔹 **생각 꺼내기** 마음속에 간직하고 있는 말을 떠올려 써 보세요.

1 어떤 말인가요? _____

2 누가, 언제 말했나요? _____

3 그 말을 들었을 때 어떤 생각을 했나요? _____

4 그 말을 간직하게 된 이유는 무엇인가요? _____

✏️ **짧은 글쓰기** '기억하다'의 유의어인 '간직하다'를 넣어 마음속에 간직하고 있는 말을 소개해 보세요.

_____

_____

_____

_____

23 포함하다 / 함축하다 / 내포하다

포함하다
어떤 사물, 사람들 사이에 함께 넣다.

우리 가족은 나를 포함해서 모두 다섯 명입니다. 재미있는 개그로 우리 가족을 웃게 해 주시는 아빠. 항상 나를 따뜻하게 대해 주시는 엄마. 매일 거울만 보고 있는 누나. 가끔 다투지만 행동이 너무 귀여운 동생. 나는 우리 가족이 있어 하루하루가 즐겁습니다.

유의어 알아보기

함축하다
- 뜻) 글이나 말 등에 많은 뜻을 담고 있다.
- 예) 이 그림에는 작가의 의도가 함축되어 있겠지?

'함축하다'와 '포함하다'는 모두 '머금을 함(含)'이라는 한자를 써. 무언가를 머금다, 즉 품는다는 의미가 담겨 있겠지?

내포하다
- 뜻) 어떤 뜻을 속에 담고 있다.
- 예) 방금 네가 한 말에 어떤 뜻이 내포된 거야?

'내포하다'의 '내'는 '안 내(內)'라는 한자야. 안과 밖을 말할 때 안을 가리키는 말이지. '포함, 함축, 내포' 이 세 가지 모두 안에 무언가를 담고 있다는 비슷한 뜻이야.

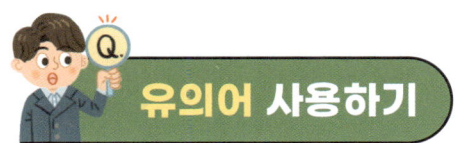 ## 유의어 사용하기

① 밑줄 친 단어와 비슷한 의미의 단어를 넣어 문장을 다시 써 보세요.

"이 문장은 어떤 내용을 포함하고 있을까?"

➡ _____

② 다음 문장을 읽고 괄호에 가장 어울리는 단어를 <보기>에서 찾아 쓰세요.

> 보기   함양   함축   함성

"이 글의 주제를 [   ] 하고 있는 부분을 찾아볼까?"

유의어 글쓰기

생각 꺼내기 내가 들은 말 중 함축된 의미가 있는 말을 떠올려 써 보세요.

① 어떤 말인가요? _____

② 어떤 상황에서, 누구에게 들었나요? _____

③ 이 말의 뜻은 무엇인가요? _____

④ 이 말에 대해 어떻게 생각하나요? _____

짧은 글쓰기 '포함하다'의 유의어인 '함축하다'를 넣어 함축된 의미가 있는 말을 소개해 보세요.

_____
_____
_____

24 이동하다 / 움직이다 / 건너다

이동하다 — 다른 곳으로 가다.

어제 읽었던 『해동성국, 발해』라는 책을 소개합니다. 발해는 대조영이 고구려 유민들과 함께 **이동하여** 세운 나라입니다. 이 책에서 발해는 고구려를 계승하는 나라로 소개되었습니다. 또 이 책에는 발해의 영토와 문화, 다른 나라들과의 관계 등이 담겨 있습니다. 어렵게 느낄 수 있지만 글보다 그림이 많은 쉬운 책입니다.

유의어 알아보기

움직이다

뜻 몸의 모양이나 자리를 바꾸다.
예 술래는 처음에는 **움직일** 수 없어.

'움직이다'는 몸뿐만 아니라 생각이 바뀔 때도 사용할 수 있어. "꿈쩍하지 않던 마음이 움직이다"처럼 말이야.

건너다

뜻 한쪽에서 다른 한쪽으로 가다.
예 징검다리를 **건너다** 발이 물에 빠졌다.

'건너다'는 보통 강이나 다리, 횡단보도처럼 길을 사이에 두고 맞은편으로 갈 때 많이 사용해.

유의어 사용하기

① 다음 문장에서 바르지 않게 사용된 단어를 알맞은 단어로 고치세요.

길을 건네다 얼마 전에 전학 간 지호를 만났다.

➡ 길을 [　　　　　] 얼마 전에 전학 간 지호를 만났다.

② 다음 중 단어의 뜻이 알맞게 풀이된 것에 ○표 하세요.

① 움직이다 : 몸의 모양이나 자리를 바꾸다.　　　　　　　　　(　　)

② 건너다 : 한쪽에서 다른 한쪽으로 던지다.　　　　　　　　　(　　)

유의어 글쓰기

생각 꺼내기 몸을 움직여서 하는 놀이를 떠올려 써 보세요.

① 놀이의 이름은 무엇인가요? _____

② 어떤 놀이인가요? _____

③ 이 놀이의 재미있는 점은 무엇인가요? _____

④ 이 놀이를 누구와 하고 싶나요? _____

짧은 글쓰기 '이동하다'의 유의어인 '움직이다'를 넣어 돌을 움직여서 하는 놀이를 소개해 보세요.

_____

_____

_____

_____

2장 ★ 주변 소재에 대해 소개하는 글

25 짐작하다 / 헤아리다 / 가늠하다

짐 작 하 다
사정, 형편 등을 미루어 생각하다.

지난 주말에 봤던 만화 영화를 소개합니다. 제목은 「누가 범인일까?」입니다. 생쥐들에게 치즈를 빼앗긴 고양이가 누가 범인인지를 밝혀 가는 내용입니다. 영화에는 세 마리의 생쥐가 나오는데 고양이는 첫 번째 생쥐를 범인으로 **짐작합니다**. 그런데 사실 치즈를 훔쳐 간 진짜 범인은…. 내용 소개는 여기까지만 하겠습니다. 미리 알면 재미없을 수 있으니까요.

유의어 알아보기

헤 아 리 다

뜻 어떤 일을 미루어 생각하다.

예 안개가 너무 많이 껴 앞을 **헤아릴** 수 없네.

'헤아리다'에는 미루어 생각하는 것 이외에도 수를 센다는 뜻이 있어. '날짜를 헤아리다, 장난감을 헤아리다'처럼 말이야.

가 늠 하 다

뜻 대강 짐작으로 헤아려 보다.

예 선생님의 연세를 **가늠해** 볼까?

'가늠하다'를 넣은 다른 문장들을 살펴볼까? '운동회 때 모든 반이 열심히 참여해서 경기의 승패를 가늠하기 어려웠다, 아버지의 키를 가늠해 보자, 지희의 속마음을 가늠할 수가 없군'처럼 쓸 수 있어.

유의어 사용하기

① <보기> 속 단어를 넣어 짧은 글을 완성해 보세요.

> **보기** 헤아릴   가늠해

비밀의 방 안이 너무 컴컴해서 한 치 앞도 [   ] 수가 없었다. 대충 이쪽으로 걸어가면 문이 나올 것이라고 [   ] 볼 뿐이었다. 그렇게 우리는 한 걸음씩 조심스럽게 앞으로 나아갔다.

② 다음 밑줄 친 부분과 바꿔 쓸 수 없는 단어를 고르세요.

"어떤 팀이 이길지 가늠하는 게 너무 어려워."

① 헤아리는   ② 짐작하는   ③ 좋아하는   ④ 생각하는

유의어 글쓰기

생각 꺼내기 친구의 마음을 헤아리는 방법을 떠올려 써 보세요.

① 친구의 마음을 헤아리려면 어떻게 들어야 할까요? _____

② 친구의 마음을 헤아리려면 무엇을 관찰해야 할까요? _____

③ 친구의 마음을 헤아리려면 무엇을 공감해야 할까요? _____

④ 친구의 마음을 헤아리려면 어떻게 말해야 할까요? _____

짧은 글쓰기 '짐작하다'의 유의어인 '헤아리다'를 넣어 친구의 마음을 헤아리는 방법을 소개해 보세요.

_____

_____

_____

26 몰아내다 / 물리치다 / 쫓아내다

| 몰 | 아 | 내 | 다 |

몰아서 밖으로 나가게 하다.

우리 집에는 세 마리의 반려견이 있습니다. 반려견의 이름은 '나래, 다래, 파래'입니다. 세 마리 모두 냄새를 정말 잘 맡습니다. 제가 음식을 먹으려고 하면 멀리서도 금방 나타납니다. 가끔 식탁으로 올라오려고 할 때는 식탁 아래로 몰아냅니다. 그런데 다른 곳으로 가는 척하다 다시 올라올 때가 많습니다. 나래, 다래, 파래는 보기보다 똑똑한 녀석들입니다.

 **유의어 알아보기**

| 물 | 리 | 치 | 다 |

🟠 뜻 적 등을 물러가게 하다.
🟠 예 이순신 장군은 왜적을 물리친 훌륭한 분이셔.

'물리치다'는 물리쳐야 하는 대상과 함께 사용돼. 예를 들면 '적, 귀신, 경쟁자, 가난, 어려움' 같은 것들 말이야.

| 쫓 | 아 | 내 | 다 |

🟠 뜻 어떤 공간에서 나가게 하다.
🟠 예 내 방에서 모기를 쫓아내야 편하게 잘 수 있을 것 같아.

'쫓아내다'는 사람이나 동물을 나가게 할 때도 사용하지만, 잠이나 생각을 없애려 할 때도 사용해. '졸음을 쫓아내다'처럼 말이야.

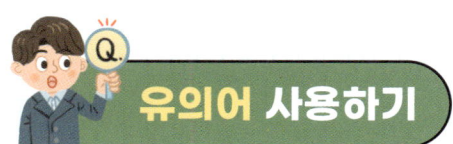 

유의어 사용하기

1 다음 중 '쫓아내다'와 어울리는 상황에 ○표 하세요.

① 누나 : 너희들! 자꾸 시끄럽게 떠들 거면 내 방에서 나가 줘! (   )

② 형 : 심심한데 은호한테 전화해 볼까? (   )

2 다음 중 단어의 뜻을 잘못 설명한 문장에 X표 하세요.

① 물리치다 : 적 등을 안으로 들어오게 하다. (   )

② 쫓아내다 : 어떤 공간에서 나가게 하다. (   )

유의어 글쓰기

생각 꺼내기 주인공이 악당을 물리친 이야기를 떠올려 써 보세요.

1 이야기의 제목은 무엇인가요? _____

2 누가 등장하나요? _____

3 어떤 내용인가요? _____

4 이야기를 보고 무엇을 느꼈나요? _____

짧은 글쓰기 '몰아내다'의 유의어인 '물리치다'를 넣어 주인공이 악당을 물리친 이야기를 소개해 보세요.

_____
_____
_____
_____

27 다르다 / 상이하다 / 특별하다

다 르 다　　　서로 같지 않다.

사람들이 많이 키우는 반려동물인 강아지와 고양이는 서로 **다릅니다**. 강아지는 밖에서 산책하기를 좋아하고 고양이는 집에서 지내는 것을 좋아합니다. 또한 강아지는 주인을 부모라고 생각하여 먼저 다가가지만, 고양이는 주인을 함께 사는 친구라고 생각해서 애교를 부리는 일이 별로 없습니다.

유의어 알아보기

상 이 하 다

뜻 서로 다르다.
예 우리 두 사람 생각은 **상이하다**.

'상이하다'는 '서로 상(相), 다를 이(異)'가 결합된 한자어야. 발음이 비슷해서 헷갈리는 단어가 있는데, 그건 '상의하다'야. '상의하다'는 어떤 일에 대해 서로 의견을 주고받는다는 뜻이야.

특 별 하 다

뜻 다른 것들과 성질, 종류가 아주 다르다.
예 이 가게의 카레 맛은 **특별하다**.

'특별하다'는 보통 긍정적으로 많이 사용해. '이 가게 카레 맛이 특별하다'고 할 때는 다른 카레보다 맛있거나 독특할 때 사용하지. '너는 내게 특별해'라고 할 때도 다른 사람들보다 가깝거나 좋은 감정을 가졌을 때 쓸 수 있어.

유의어 사용하기

① '특별하다'와 비슷한 단어를 모두 골라 ○표 하세요.

다르다   고만고만하다   독특하다   유사하다   특이하다

② 괄호 속 단어를 활용하여 문장을 바꾸어 써 보세요.

① 우리는 쌍둥이지만 생김새와 성격이 조금 다르다.

➡ (상이하다) _____

② 우리 엄마가 만든 떡볶이에서는 남들과 다른 맛이 난다.

➡ (특별하다) _____

유의어 글쓰기

생각 꺼내기 나에게 특별한 사람을 떠올려 써 보세요.

① 누구인가요? _____

② 이 사람의 특별한 점은 무엇인가요? _____

③ 그렇게 생각하게 된 사건은 무엇인가요? _____

④ 이 사람을 떠올리면 어떤 생각이 드나요? _____

짧은 글쓰기 '다르다'의 유의어인 '특별하다'를 넣어 나에게 특별한 사람을 소개해 보세요.

_____

_____

_____

_____

2장 ★ 주변 소재에 대해 소개하는 글

28 찾다 / 살피다 / 구하다

| 찾 | 다 | 나에게 없는 것을 얻기 위해 주변을 뒤지고 살피다. |

우리 동네에서 가장 맛있는 떡볶이집을 소개합니다. 맛있는 분식집을 찾다가 발견한 곳으로, 이름은 '매콤 떡볶이'입니다. 이름대로 떡볶이가 맵습니다. 그런데 맵기만 한 게 아니라 달콤하기도 해서 아주 맛있습니다. '매콤 떡볶이'에는 두 가지 종류의 떡볶이를 팝니다. 밀 떡볶이와 쌀 떡볶이가 있는데 쌀 떡볶이가 조금 더 쫄깃쫄깃합니다.

유의어 알아보기

| 살 | 피 | 다 |

뜻 여기저기 빠짐없이 자세히 보다.
예 길을 건널 때는 주위를 잘 살펴야 해.

'살피다'는 눈으로 직접 볼 때도 쓰지만, 어떤 상황이나 감정에 관심을 기울일 때도 사용해. '지민의 기분을 살피다, 임금이 백성의 마음을 살피다'처럼 말이야.

| 구 | 하 | 다 |

뜻 필요한 것을 찾다.
예 내가 같이 놀 친구를 구해 올게.

'구하다'는 '목숨을 구하다'처럼 어려운 상황에서 벗어나게 할 때도 쓸 수 있어. 소리는 같지만, 뜻이 전혀 다른 동음이의어라는 걸 알아 둬!

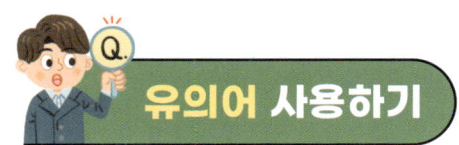 **유의어 사용하기**

① 밑줄 친 단어와 비슷한 의미의 단어를 넣어 문장을 다시 써 보세요.

"우리 팀원으로 적당한 친구를 내가 <u>찾을게</u>."

➡ _____

② 다음 문장을 읽고 괄호에 가장 어울리는 단어를 <보기>에서 찾아 쓰세요.

보기: 공격하는   잃어버리는   살피는

"색연필을 안 가져와서 색연필이 있는 친구가 있는지 [   ] 중이야."

유의어 글쓰기   tip – 맛집 주변에 무엇이 있는지 생각해 봐!

🔆 생각 꺼내기   우리 동네 맛집을 찾아가려면 무엇을 살펴야 하는지 떠올려 써 보세요.

① 맛집의 이름은 무엇인가요? _____

② 무슨 음식이 맛있나요? _____

③ 누구에게 소개하고 싶나요? _____

④ 맛집을 찾아가려면 주변의 무엇을 살펴야 하나요? _____

✏️ 짧은 글쓰기   '찾다'의 유의어인 '살피다'를 넣어 맛집 찾아가는 방법을 소개해 보세요.

_____
_____
_____
_____

29. 입다 / 쓰다 / 걸치다

| 입 | 다 | 옷을 몸에 두르다. |

이 옷은 제가 가장 좋아하는 옷입니다. 지난 생일 때 부모님께서 사 주셨습니다. 저는 노란색을 좋아하는데 이 옷에는 노란색 레몬이 많이 그려져 있습니다. 또 저는 모자 달린 옷을 좋아하는데 이 옷에 달린 모자는 정말 크고 편합니다. 저는 이 옷을 '레몬이'라고 부릅니다. 레몬이는 제가 아끼는 옷이라서 특별한 날에만 입습니다.

유의어 알아보기

쓰 다

- 뜻: 모자를 머리 위에 덮다.
- 예: 뜨거운 여름에는 모자를 쓰고 나가는 게 좋아.

'쓰다'는 먼지나 가루를 몸에 덮었을 때, 죄나 누명을 가지게 되었을 때도 사용해. '흙먼지를 온몸에 가득 쓰고 돌아왔다'와 '억울하게 누명을 썼어'처럼 말이야.

걸 치 다

- 뜻: 겉옷을 대강 입다.
- 예: 추우니까 외투를 걸치고 나가렴!

'걸치다'는 옷을 입을 때도 사용하지만, 시간이나 공간을 거쳐 어떤 일이 이어질 때도 사용하는 말이야. '학급 회의가 두 시간에 걸쳐 있을 예정입니다'처럼 말이야.

유의어 사용하기

1 다음 문장에서 바르지 않게 사용된 단어를 알맞은 단어로 고치세요.

"이렇게 추울 줄 알았으면 겉옷을 하나만 **겹치고** 오는 게 아니었는데."

➡ "이렇게 추울 줄 알았으면 겉옷을 하나만 [　　　　] 오는 게 아니었는데."

2 다음 중 단어의 뜻을 알맞게 풀이한 것에 O표 하세요.

① **쓰다** : 모자를 머리 위에 덮다. (　　)

② **걸치다** : 겉옷을 몸에서 내려놓다. (　　)

유의어 글쓰기

생각 꺼내기 내가 자주 걸치는 겉옷을 떠올려 써 보세요.

1 어떤 옷인가요? _____

2 이 옷의 색깔과 무늬는 어떤가요? _____

3 이 옷을 자주 걸치는 이유는 무엇인가요? _____

4 이 옷을 주로 언제 입나요? _____

짧은 글쓰기 '입다'의 유의어인 '걸치다'를 넣어 내가 자주 걸치는 겉옷을 소개해 보세요.

_____
_____
_____
_____

30. 당기다 / 잡아당기다 / 끌다

당기다
물건을 잡아끌어 가까이 오게 하다.

제가 소개하고 싶은 운동은 매달리기입니다. 매달리기는 철봉으로 하는 운동이고 두 가지 방법으로 할 수 있습니다. 첫 번째는 두 손으로 철봉을 잡고 매달리는 것입니다. 두 번째는 철봉을 잡고 마치 내 몸으로 **당기듯** 힘을 주어 턱을 철봉 막대 위에 올린 후 매달리는 것입니다. 어떤 방법으로 매달리든 바닥으로 떨어지지 않고 오래 매달려 있어야 합니다.

유의어 알아보기

잡아당기다
- 뜻: 잡아서 자기 쪽으로 오게 하다.
- 예: 은주가 내 옷을 **잡아당기다** 단추가 떨어져 버렸다.

'잡아당기다'는 말 그대로 잡아서 당긴다는 뜻이야. 그렇다면 '끌어당기다'는 무슨 뜻일까? 맞아! 끌어서 당긴다는 뜻이야.

끌다
- 뜻: 바닥에 닿은 채로 당기다.
- 예: 무거우면 의자를 **끌고** 와도 괜찮아.

'끌다'는 바퀴 달린 것을 움직이게 할 때도 사용해. '자동차를 끌고 다니다, 수레를 끌다'처럼 말이야.

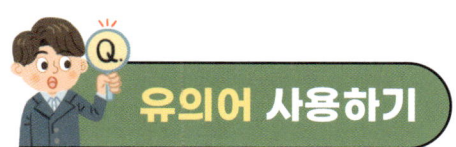 **유의어 사용하기**

① <보기> 속 단어를 넣어 짧은 글을 완성해 보세요.

> 보기   잡아당겨   끌어당긴

바른 자세로 앉으려면 의자를 바짝 [　　　] 다음, 허리를 펴고 앉아야 해요. 그다음, 책상을 [　　　] 배와 책상이 살짝 닿게 앉아 보세요.

② 다음 밑줄 친 부분과 바꿔 쓸 수 없는 단어를 고르세요.

"이쪽으로 네가 의자를 <u>끌고</u> 와 모둠을 만들면 어떨까?"

① 당기고   ② 버리고   ③ 잡아당기고   ④ 끌어당기고

유의어 글쓰기

생각 꺼내기 줄을 잡아당기며 노는 '줄다리기'를 떠올려 써 보세요.

① 어떤 놀이인가요? _____

② 어떻게 하면 이기나요? _____

③ 이기기 위해 필요한 것은 무엇일까요? _____

④ 이 놀이는 주로 언제 하나요? _____

짧은 글쓰기 '당기다'의 유의어인 '잡아당기다'를 넣어 줄다리기를 소개해 보세요.

_____
_____
_____
_____

2장 ✿ 주변 소재에 대해 소개하는 글

31. 서운하다 / 아쉽다 / 아깝다

서 운 하 다 필요할 때 없거나 모자라서 섭섭한 마음을 느끼다.

제 연필을 찾고 있습니다. 연필은 노란색이고 분홍색 아이스크림 모양 지우개가 달려 있습니다. 어제 사회 시간까지 있었는데, 과학 시간에 쓰려고 찾았더니 필통에 없었습니다. 물론 오늘 새로운 연필을 가져오긴 했습니다. 하지만 작은 물건이더라도 잃어버리면 서운한 법입니다. 혹시 아이스크림 지우개가 달린 연필을 본다면 저에게 꼭 이야기해 주세요.

유의어 알아보기

아 쉽 다

- 뜻: 만족스럽지 못하다.
- 예: 색을 꼼꼼하게 칠하지 못해서 아쉽다.

'아쉽다'는 주로 무언가가 없거나 모자랄 때, 미련이 남을 때 느끼는 감정이야. '누나가 없어 아쉽다, 벌써 헤어지려니 아쉽다'처럼 말이야.

아 깝 다

- 뜻: 생각했던 대로 되지 않아 서운하다.
- 예: 이 가방은 더 쓸 수 있는데 버리기에는 아깝다.

'아깝다'는 어떤 물건이 제대로 사용되지 않아 안타까울 때도 사용해. '혼자 보기 아까운 경치, 혼자 먹기 아까운 맛'처럼 말이야.

유의어 사용하기

1 다음 중 '아깝다'와 어울리는 상황에 ○표 하세요

① 나 : 아, 한 문제만 더 맞혔으면 100점인데. (   )

② 엄마 : 엄마가 없는 동안에 방을 깨끗하게 정리해 뒀구나. (   )

2 다음 중 단어의 뜻을 잘못 설명한 문장에 X표 하세요.

① 아쉽다 : 만족스럽지 못하다. (   )

② 아깝다 : 생각했던 대로 되어 기쁘다. (   )

유의어 글쓰기

생각 꺼내기 다른 사람에게 주기 아까운 내 물건을 떠올려 써 보세요.

1 어떤 물건인가요? _____

2 다른 사람에게 주기 아까운 이유는 무엇인가요? _____

3 이 물건의 특징은 무엇인가요? _____

4 이 물건을 언제까지 가지고 있을 건가요? _____

짧은 글쓰기 '서운하다'의 유의어인 '아깝다'를 넣어 다른 사람에게 주기 아까운 내 물건을 소개해 보세요.

_____

_____

_____

_____

32 비교하다 / 대비하다 / 견주다

| 비 | 교 | 하 | 다 | 둘 이상을 서로 맞대 비슷한 점과 차이점을 살피다.

저는 사과나 바나나를 아침에 꼭 챙겨 먹습니다. 이 둘을 비교해 보자면, 사과와 바나나는 모두 맛있고 달콤해서 제가 좋아하는 과일입니다. 차이점도 있습니다. 사과는 빨간색이고 바나나는 노란색입니다. 사과는 동그랗고 바나나는 길쭉합니다. 사과는 사각거리며 새콤달콤하고, 바나나는 말랑거리며 달콤합니다.

유의어 알아보기

| 대 | 비 | 하 | 다 |

- 뜻: 차이점을 밝히기 위해 서로 맞대어 보다.
- 예: 두 권의 책을 대비한 다음 한 권만 고르자.

'대비하다'는 서로 비교한다는 뜻 외에도 '미리 준비하다'라는 뜻이 있어. 두 단어는 전혀 다른 뜻의 단어이니 헷갈리지 않도록 조심해야 해.

| 견 | 주 | 다 |

- 뜻: 질이나 양의 차이를 알기 위해 서로 대어 보다.
- 예: 두 권의 그림책을 견주어 볼까?

'비교하다'가 단순히 두 사물의 공통점과 차이점을 살피는 것이라면, '견주다'는 어느 것이 더 나은지 겨루는 상황에 많이 쓰여. '실력을 견주다, 키를 견주다'처럼 말이야.

유의어 사용하기

1 빈칸에 알맞은 단어를 넣어 유의어의 뜻을 완성해 보세요.

① **대비하다** : (　　　　)을 밝히기 위해 서로 맞대어 보다.

② **견주다** : 질이나 양의 (　　　　)를 알기 위해 서로 대어 보다.

2 다음 문장의 빈칸에 공통으로 들어갈 단어를 골라 ○표 하세요.

누가 역사 상식을 더 많이 아는지 (　　　　) 볼까?

지난번에 샀던 물건과 (　　　　) 봤더니 이번 물건이 더 좋은 거 같다.

| 보기 | 고민해　시합해　견주어　밝혀 |

유의어 글쓰기

🔹 **생각 꺼내기**　서로 다른 반려동물을 견주어 보고, 키우고 싶은 동물을 떠올려 써 보세요.

① 어떤 두 동물을 견주어 보았나요?　_____

② 두 동물의 차이점은 무엇인가요?　_____

③ 두 동물 중 어떤 동물과 함께 살고 싶나요?　_____

④ 이유는 무엇인가요?　_____

✏️ **짧은 글쓰기**　'비교하다'의 유의어인 '견주다'를 넣어 나의 반려동물로 적합한 동물을 소개해 보세요.

_____

_____

_____

_____

2장 ★ 주변 소재에 대해 소개하는 글

33 굉장하다 / 훌륭하다 / 엄청나다

굉 장 하 다   아주 크고 대단하다.

저의 장래 희망을 소개합니다. 최근에 의사 선생님이 나오는 영화를 보고, 의사가 되고 싶다고 생각했습니다. 큰 사고를 당해 몸이 다친 사람들을 최선을 다해 살려 준다는 점이 멋있었습니다. 그런데 의사가 되는 건 정말 어렵다고 들었습니다. 하지만 열심히 노력한다면 굉장한 꿈을 이룰 수 있을 것이라고 생각합니다.

 **유의어 알아보기**

훌 룽 하 다

- 뜻: 너무 좋아서 지적할 데가 없다.
- 예: 지희의 노래 솜씨는 언제나 훌륭하다.

'훌륭하다'는 '훌륭해, 훌륭한'처럼 활용해서 사용하는 때가 많아. '멋있다'가 '멋있네, 멋있는'으로 활용되는 것과 비슷하지?

엄 청 나 다

- 뜻: 생각했던 것보다 정도가 더 심하다.
- 예: 이번 수학 시험 문제가 엄청나게 어렵다.

'엄청나다'와 비슷한 뜻을 가진 단어에는 '으리으리하다, 대단하다, 어마어마하다' 같은 것들이 있어.

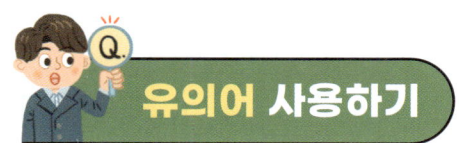

유의어 사용하기

1 초성 힌트를 보고, 문장에 어울리는 단어를 써넣어 보세요.

① 줄넘기 이단 뛰기를 30번이나 하다니, [ㅎㄹ]하네. _____

② [ㅇㅊ]난 크기의 잠수함이 나타났다. _____

2 단어에 대해 바르게 말한 친구에게 ○표 하세요.

도영 : '훌륭하다'는 '훌륭해, 훌륭한'처럼 사용해. (   )

소영 : '엄청나다'는 '조마조마하다, 아슬아슬하다'와 같은 뜻이야. (   )

유의어 글쓰기

생각 꺼내기 내가 아는 훌륭한 사람을 떠올려 써 보세요.

1 누구인가요? _____

2 왜 그렇게 생각하나요? _____

3 그 사람의 업적은 무엇인가요? _____

4 그 사람의 어떤 점을 닮고 싶은가요? _____

짧은 글쓰기 '굉장하다'의 유의어인 '훌륭하다'를 넣어 내가 아는 훌륭한 사람을 소개해 보세요.

_____

_____

_____

_____

34 위협하다 / 겁주다 / 협박하다

위 협 하 다
힘이나 무서운 말로 상대방에게 겁을 주다.

'경찰관'이라는 직업을 소개합니다. 경찰관은 파출소나 경찰서에서 일하는 사람입니다. 경찰관은 국민의 생명을 보호하는 일을 합니다. 국민을 위협하여 재산을 빼앗아 가려는 범죄자들로부터 국민을 보호하는 역할도 합니다. 또 교통사고가 일어났을 때도 이를 해결합니다. 경찰관은 우리 사회에 꼭 필요한 직업입니다.

유의어 알아보기

겁 주 다

뜻 상대방이 겁을 먹게 하다.

예 동생을 너무 겁주지 마.

'겁주다'의 '겁'은 무서워하는 마음을 뜻해. 그렇다면 '겁이 없다'는 무서워하지 않는다는 말이겠지?

협 박 하 다

뜻 어떤 일을 시키기 위해 말과 행동으로 겁을 주다.

예 나를 협박해서 네가 얻는 게 뭐야?

'협박하다'는 '위협하다'와 정말 비슷한 말이야. 두 단어 모두 '위협할 협(脅)'이라는 한자가 쓰인 걸 보면 알 수 있지?

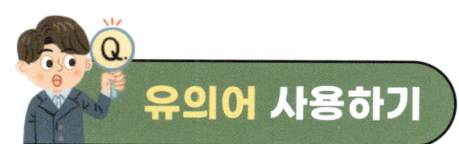

유의어 사용하기

1 '겁주다'와 비슷한 단어를 모두 골라 ○표 하세요.

> 위협하다   겁내다   협박하다   무서워하다   겁박하다

2 괄호 속 단어를 활용하여 문장을 바꾸어 써 보세요.

① 복면을 쓴 강도는 칼로 사람들을 위협하며 가방에 돈을 담았다.

➡ (겁주다) _____

② 몇 달 동안 나를 위협하던 사람을 경찰에 신고했다.

➡ (협박하다) _____

유의어 글쓰기

생각 꺼내기 우리 가족을 깜짝 놀라게 해 겁주는 방법을 떠올려 써 보세요.

1 누구를 겁주고 싶나요? _____

2 이유가 무엇인가요? _____

3 어떻게 겁줄 건가요? _____

4 다른 방법은 무엇인가요? _____

짧은 글쓰기 '위협하다'의 유의어인 '겁주다'를 넣어 가족을 깜짝 놀라게 해 겁주는 방법을 소개해 보세요.

_____

_____

_____

_____

2장 ★ 주변 소재에 대해 소개하는 글

35 무르다 / 연하다 / 말랑하다

무르다 — 단단하지 않다.

여러분은 어떤 채소를 좋아하나요? 제가 좋아하는 채소는 양파입니다. 양파가 맵다고 생각하는 친구들이 많은데 사실 양파는 달콤합니다. 양파가 들어간 볶음밥의 맛을 떠올려 보세요. 달콤하면서 사각거리지 않나요? 물론 오래되어서 무른 양파는 맛있지 않습니다. 오늘은 시장이나 마트에서 방금 사 온 양파를 가지고 요리해 보면 어떨까요?

유의어 알아보기

연하다

뜻: 단단하지 않고 부드럽다.
예: 스테이크가 연해서 정말 맛있다.

'연하다'는 사물이 부드러울 때뿐 아니라 빛깔이 옅을 때도 사용해. '화장을 연하게 하다'나 '색을 연하게 칠하다'처럼 말이야.

말랑하다

뜻: 거칠거나 단단하지 않고 보들보들하다.
예: 마시멜로우가 말랑하다.

'말랑하다'는 젤리나 송편, 홍시처럼 표면이 거칠거나 빳빳하지 않고 보드라운 음식을 설명할 때 주로 사용해.

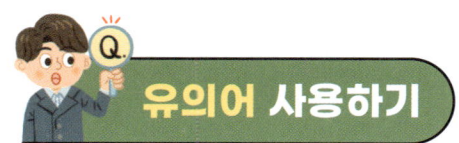 **유의어 사용하기**

① 밑줄 친 단어와 비슷한 의미의 단어를 넣어 문장을 다시 써 보세요.

멸치는 뼈가 단단하지 않고 <u>물러서</u> 뼈째 먹어도 괜찮아.

➡ _____

② 다음 문장을 읽고 괄호에 가장 어울리는 단어를 <보기>에서 찾아 쓰세요.

> 보기   간질   말랑   까칠

"축구공이 너무 [　　　] 해서 축구를 못 할 것 같아."

유의어 글쓰기

◆ 생각 꺼내기) 내가 먹어 본 말랑한 식감의 과자를 떠올려 써 보세요.

① 어떤 과자인가요? _____

② 얼마나 자주 먹었나요? _____

③ 이 과자의 색깔은 어떤가요? _____

④ 이 과자를 떠올리면 어떤 느낌이 드나요? _____

✏ 짧은 글쓰기) '무르다'의 유의어인 '갈랑하다'를 넣어 말랑한 식감의 과자를 소개해 보세요.

_____
_____
_____
_____

2장 ★ 주변 소재에 대해 소개하는 글

36 희한하다 / 신기하다 / 이상하다

희 한 하 다 매우 드물거나 색다르고 놀랍다.

저는 어젯밤에 신기한 꿈을 꿨습니다. 날개가 달린 말을 타고 하늘을 나는 꿈이었습니다. 꿈속에서도 '날개 달린 말이 있다고?'라고 생각하며 희한한 일이라고 느꼈습니다. 그런데 말이 제 말을 너무 잘 들었습니다. 말하는 대로 움직여서 제가 평소에 가고 싶었던 곳을 마음껏 다녔습니다. 여러분들도 저처럼 희한한 꿈을 꾼 적이 있나요? 저는 왜 이런 꿈을 꾼 것일까요?

 **유의어 알아보기**

신 기 하 다

- 뜻 **믿기 어려울 만큼 놀랍다.**
- 예 지난 주말에 신기한 마술 공연을 봤다.

'신기하다'와 비슷한 뜻을 가진 단어로 '경이롭다, 기묘하다' 등이 있어. '경이로운 이야기, 기묘한 이야기'라는 말을 들어 봤지?

이 상 하 다

- 뜻 **지금까지 봐 오던 것과는 다르다.**
- 예 나는 어젯밤에 이상한 꿈을 꿨다.

'이상하다'를 '요상하다'라고 쓰는 경우가 있는데 이건 잘못된 표현이야. 다른 단어로 쓰려면 '특이하다, 독특하다' 등으로 써야 해.

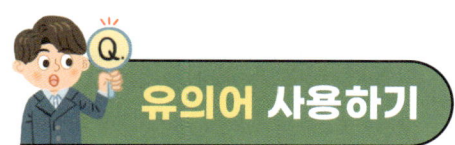

유의어 사용하기

① 다음 문장에서 바르지 않게 사용된 단어를 알맞은 단어로 고치세요.

무거운 비행기가 하늘을 날 수 있다는 것이 신청하다.

➡ 무거운 비행기가 하늘을 날 수 있다는 것이 _____.

② 다음 중 단어의 뜻이 알맞게 풀이된 것에 ○표 하세요.

① 신기하다 : 믿기 어려울 만큼 놀랍다. ( )

② 이상하다 : 지금까지 봐 오던 것과 비슷하다. ( )

유의어 글쓰기

생각 꺼내기 내가 꾼 신기한 꿈을 떠올려 써 보세요.

① 어떤 꿈을 꿨나요? _____

② 꿈에는 누가 나왔나요? _____

③ 이 꿈이 왜 신기했나요? _____

④ 꿈을 꾼 다음 어떤 생각을 했나요? _____

짧은 글쓰기 '희한하다'의 유의어인 '신기하다'를 넣어 내가 꾼 신기한 꿈을 소개해 보세요.

_____
_____
_____
_____

37 휘두르다 / 흔들다 / 좌지우지하다

휘두르다 일이나 사람을 자기 마음대로 다루다.

제가 예전에 본 「안중근」이라는 뮤지컬을 소개하겠습니다. 주인공인 '안중근'은 하얼빈역에서 이토 히로부미라는 일본 정치인을 총으로 쏜 독립운동가입니다. 이 뮤지컬에는 조선 사람들을 괴롭히고 자기 나라에 유리한 대로 권력을 휘두르는 일본인들이 많이 나옵니다. 이에 맞서 우리나라를 위해 애쓰신 의병들에 관한 이야기도 자세하게 담겨 있습니다.

유의어 알아보기

흔들다

- 뜻: 권력을 이용해 어떤 대상을 자기 마음대로 움직이게 하다.
- 예: 회장은 회사를 마음대로 흔들었다.

'흔들다'는 큰 충격이나 움직임이 생겼을 때도 사용해. '우리 반을 흔들어 놓은 사건, 우리 가족을 흔들어 놓은 여행'처럼 말이야.

좌지우지하다

- 뜻: 내 마음대로 이리저리 다루다.
- 예: 그는 나랏일을 좌지우지하는 자리에 올랐다.

'좌지우지하다'에서 '좌(左)'는 왼쪽을, '우(右)'는 오른쪽을 가리키는 말이야. 왼쪽, 오른쪽으로 왔다 갔다 하며 제 마음대로 다루는 것을 의미해.

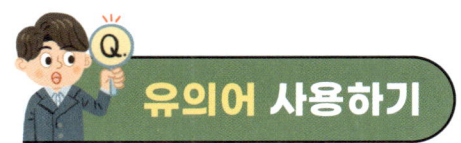 **유의어 사용하기**

1 <보기> 속 단어를 넣어 짧은 글을 완성해 보세요.

> 보기   흔드는   좌지우지

충신은 어린 임금이 나신들에게 [　　　] 되는 걸 지켜만 볼 수 없었다. 그래서 나라를 마음대로 [　　　] 권력자들의 힘을 어떻게 빼앗을 수 있을지 고민했다.

2 다음 밑줄 친 부분과 바꿔 쓸 수 없는 단어를 고르세요.

"언제까지 나를 <u>좌지우지할</u> 수 있을 것 같아?"

① 휘두를   ② 도울   ③ 마음대로 다룰   ④ 흔들

유의어 글쓰기
tip - 나의 생각을 확실하게 정리하지 않으면, 친구의 이야기에 쉽게 흔들릴 수 있어.

생각 꺼내기 친구의 이야기에 좌지우지되지 않는 방법을 떠올려 써 보세요.

① 친구의 이야기에 좌지우지되는 이유는 무엇일까요? _____

② 또 다른 이유가 있을까요? _____

③ 어떻게 하면 친구에게 좌지우지되지 않을까요? _____

④ 또 다른 방법이 있을까요? _____

짧은 글쓰기 '휘두르다'의 유의어인 '좌지우지하다'를 넣어 친구의 이야기에 좌지우지되지 않는 방법을 소개해 보세요.

_____

_____

_____

_____

2장 ★ 주변 소재에 대해 소개하는 글

38. 사라지다 / 숨다 / 떠나다

| 사 | 라 | 지 | 다 |

사람, 사물, 생각 등이 없어지다.

제가 좋아하는 음식은 엄마가 만들어 주신 계란말이입니다. 엄마표 계란말이에는 파, 양파, 당근 등 채소가 많이 들어갑니다. 그리고 평범한 계란말이보다 크기도 훨씬 큽니다. 맛있는 음식을 먹고 싶다는 생각이 들 때 엄마표 계란말이를 한 입 먹으면 다른 음식 생각은 싹 사라집니다. 그 정도로 정말 맛있습니다.

 **유의어 알아보기**

| 숨 | 다 |

- 뜻: 보이지 않도록 몸을 감추다.
- 예: 어디에 숨어야 술래에게 잡히지 않을까?

'숨다'를 사용할 때는 숨는 장소가 있어야 해. '빈틈에 숨다, 어두운 곳으로 숨다'처럼 말이야.

| 떠 | 나 | 다 |

- 뜻: 원래 있던 곳이나 사람들에게서 벗어나다.
- 예: 우리는 이곳에서 떠나 한 달간 제주도에서 살 거야.

'떠나다'는 '어디로' 떠난다는 말인지, '어디에서' 떠난다는 말인지 잘 살펴봐야 해. '부산으로' 떠나는 것은 부산으로 간다는 뜻이고, '부산에서' 떠나는 것은 부산을 벗어난다는 뜻이거든.

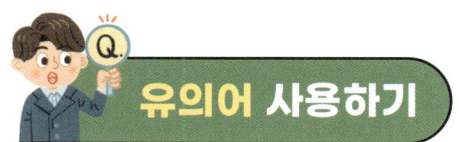

유의어 사용하기

1 다음 중 '떠나다'와 어울리는 상황에 ○표 하세요.

① 아빠 : 다음 달에 전학을 가니, 친구들에게 미리 인사를 해 두렴. (   )

② 형 : 이 만화책은 너무 재밌어! (   )

2 다음 중 단어의 뜻을 잘못 설명한 문장에 X표 하세요.

① 숨다 : 잘 보이도록 꺼내 놓다. (   )

② 떠나다 : 원래 있던 곳이나 사람들에게서 벗어나다. (   )

유의어 글쓰기

생각 꺼내기 만약 집에서 숨바꼭질을 한다면 숨기 좋은 장소를 떠올려 써 보세요.

1 숨바꼭질을 잘하는 방법은 무엇인가요? _____

2 집에서 숨기 좋은 장소는 어디인가요? _____

3 그 장소가 숨기 좋은 이유는 무엇인가요? _____

4 또 다른 장소와 그 이유는 무엇인가요? _____

짧은 글쓰기 '사라지다'의 유의어인 '숨다'를 넣어 우리 집에서 숨기 좋은 장소를 소개해 보세요.

_____

_____

_____

39 어울리다 / 조화되다 / 사귀다

어 울 리 다   여럿이 함께 가깝게 지내다.

요즘 제가 좋아하는 친구들은 주희와 찬혁이입니다. 주희는 제 짝이라서 이야기를 많이 하고, 찬혁이는 다른 모둠이지만 쉬는 시간마다 도서관에 같이 갑니다. 주희는 저에게 따뜻한 말을 자주 해 줘서 좋습니다. 찬혁이는 재미있는 책을 많이 알고 있어서 좋습니다. 다음 주에는 주희와 찬혁이를 불러 우리 집에서 함께 어울려 놀 계획입니다.

 **유의어 알아보기**

조 화 되 다

- 뜻: 서로 어긋나지 않고 잘 지내다.
- 예: 전학을 온 아현이는 친구들과 잘 조화되었다.

'조화되다'는 사람들이나 분위기에 잘 어울리는 것을 뜻해. 보통 '조화롭다'라는 형용사로도 많이 쓰여. '우리 반은 조화롭다'처럼 말이야.

사 귀 다

- 뜻: 서로 친하게 지내다.
- 예: 참된 친구를 사귀는 건 쉬운 일이 아니야.

'사귀다'는 '이웃과 사귀다, 낯선 사람과 잘 사귀다'처럼 쓸 수 있어. 조금 어려운 한자어로 말하면 '교제하다'라고 해. '사귈 교(交), 만날 제(際)'가 결합된 단어로, 서로 친하게 지낸다는 뜻이야.

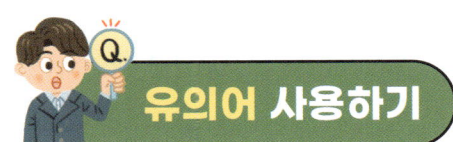 ## 유의어 사용하기

1 빈칸에 알맞은 단어를 넣어 유의어의 뜻을 완성해 보세요.

① **조화되다** : 서로 (　　　　) 않고 잘 지내다.

② **사귀다** : 서로 (　　　　) 지내다.

2 다음 문장의 빈칸에 공통으로 들어갈 단어를 골라 ○표 하세요.

모자가 운동화 색깔과 잘 (　　　　)되어 예쁘다.

여러 가지 현악기가 (　　　　)롭게 내는 소리가 굉장해!

> 보기　　　　　이　신비　해　조화

유의어 글쓰기

생각 꺼내기 올해 새롭게 사귄 친구를 떠올려 써 보세요.

1 친구의 이름은 무엇인가요? _____

2 이 친구와 어떻게 친해졌나요? _____

3 친구의 장점은 무엇인가요? _____

4 앞으로 친구와 무엇을 해 보고 싶나요? _____

짧은 글쓰기 '어울리다'의 유의어인 '사귀다'를 넣어 올해 새롭게 사귄 친구를 소개해 보세요.

_____

_____

_____

_____

2장 ★ 주변 소재에 대해 소개하는 글

40. 캄캄하다 / 어둡다 / 막막하다

캄캄하다 — 아주 검고 어둡다.

우리 학교에서 제가 가장 좋아하는 교실은 바로 시청각실입니다. 이곳은 성과 발표회를 하거나 영화를 볼 때 이용하는 곳입니다. 평소에는 암막 커튼으로 햇빛을 가려 아주 **캄캄합니다**. 하지만 공연이 시작되면 무대가 환해져서 집중하기 좋습니다. 우리 반 친구들도 곧 음악 줄넘기 공연을 할 계획입니다.

유의어 알아보기

어둡다
- 뜻: 밝지 않다.
- 예: 비가 오려는지 하늘이 **어둡다**.

'어둡다'는 빛이나 색깔이 밝지 않을 때도 사용하지만, 어떤 분야에 대해 잘 알지 못할 때도 사용해. '세상 물정에 어둡다'처럼 말이야.

막막하다
- 뜻: 어떻게 해야 할지 몰라서 답답하다.
- 예: 이 문제를 어떻게 풀어야 할지 **막막하다**.

'캄캄하다, 어둡다, 막막하다' 모두 앞날에 희망이 없을 때 쓸 수 있어. '앞날이 캄캄하다, 앞날이 어둡다, 앞날이 막막하다'처럼 말이야.

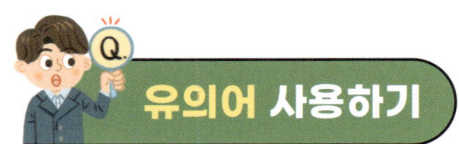 

유의어 사용하기

1 초성 힌트를 보고, 문장에 어울리는 단어를 써넣어 보세요.

① 방 안이 너무 [ㅇㄷㄱ] 떨어진 동전을 찾을 수가 없었다. _____

② 너무 어려운 시험 문제를 보니 [ㅁㅁ]한 기분이 들었다. _____

2 단어에 대해 바르게 말한 친구에게 ○표 하세요.

호영 : '어둡다'는 빛이 없을 때, 색이 밝지 않을 때 사용해. (   )

도훈 : '막막하다'는 마음이 편안할 때, 차분할 때 사용해. (   )

유의어 글쓰기

생각 꺼내기 내가 가 봤던 어두운 장소를 떠올려 써 보세요.

① 어떤 장소인가요? _____

② 그곳은 어떤 특징이 있나요? _____

③ 그곳에 언제 갔나요? _____

④ 그곳에서 무엇을 했나요? _____

짧은 글쓰기 '캄캄하다'의 유의어인 '어둡다'를 넣어 내가 가 봤던 어두운 장소를 소개해 보세요.

_____
_____
_____
_____

3장

이유를 들어 의견을 제시하는 글

"내가 가진 생각과 그렇게 생각하는 이유를 제시해 봐!"

이유를 들어 의견을 제시하는 글은 3~4학년 때부터 쓰기 시작하는 글이에요. 어떤 주제에 대해 내가 가지고 있는 생각을 의견이라고 하고, 그렇게 생각하는 까닭을 이유라고 하죠. 예를 들어, '바른 말과 고운 말을 써야 한다.'라는 게 의견이라면 '내가 사용하는 말이 내가 어떤 사람인지를 보여 준다고 생각하기 때문에'가 이유가 될 수 있겠죠? 이 유형의 글을 쓰는 방법을 잘 익혀 두면 5~6학년에서 적절한 근거를 들어 주장하는 글을 쓸 때 도움이 될 거예요.

41 노력하다 / 애쓰다 / 주력하다

| 노 | 력 | 하 | 다 | 목표를 이루기 위해 몸과 마음을 다해 힘쓰다. |

자기 자리는 스스로 깨끗하게 하려고 노력해야 합니다. 친구의 자리가 아닌 내 자리이기 때문입니다. 각자 자리만 깨끗하게 정리한다면 교실 청소를 따로 할 필요도 없을 것입니다. 책상 위 물건을 정리하고 바닥에 쓰레기를 줍고 때로는 걸레질도 해 봅시다. 하교 전에 잠시만 시간을 내어 내 자리를 정리해 보는 건 어떨까요?

유의어 알아보기

| 애 | 쓰 | 다 |

뜻 마음과 힘을 다해 무엇을 이루려고 힘쓰다.

예 나는 일주일에 두 번 운동하기 위해 애쓰고 있어.

'애쓰다'에서 '애'는 '몹시 수고로움'이라는 뜻이야. '애를 쓰다'라고 표현할 수도 있어. 무엇을 이루기 위해 수고로움을 행동하는 것이니 '노력하다'는 뜻과 비슷하지.

| 주 | 력 | 하 | 다 |

뜻 어떤 일에 온 힘을 기울이다.

예 세계는 환경을 보호하는 데 주력하고 있다.

'주력하다'는 '~데 주력하다, ~에 주력하다'의 형태로 많이 쓰여. '몸무게를 유지하는 데 주력하다, 패스 연습에 주력하다'처럼 말이야.

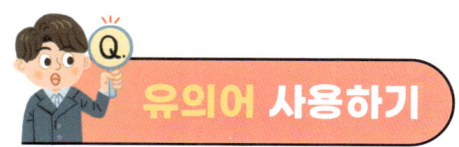

유의어 사용하기

1 '노력하다'와 비슷한 단어를 모두 골라 ○표 하세요.

> 힘쓰다   옳다   애쓰다   주력하다   생각하다

2 괄호 속 단어를 활용하여 문장을 바꾸어 써 보세요.

① 자기 자리는 스스로 깨끗하게 하려고 노력해야 합니다.

➡ (애쓰다) _____

② 나는 이번 농구 대회에서 우승하기 위해 노력하고 있어.

➡ (주력하다) _____

유의어 글쓰기

tip – 우리 반, 우리 사회를 위해 노력했으면 하는 일을 떠올려 봐.

◆ 생각 꺼내기 '우리가 애써야 하는 일'에 대한 나의 의견과 이유를 떠올려 써 보세요.

1 나의 의견은 무엇인가요?   우리가 애써야 하는 일은 _____

2 왜 그렇게 생각하나요?   왜냐하면 _____

3 예를 들어 볼까요?   예를 들어 _____

4 정리해 써 볼까요?   그러므로 _____

✏ 짧은 글쓰기 '노력하다'의 유의어인 '애쓰다'를 넣어 의견을 제시하는 글을 써 보세요.

_____
_____
_____
_____

3장 ★ 이유를 들어 의견을 제시하는 글

42 으스대다 / 우쭐대다 / 뽐내다

으쓱거리며 자랑하다.

사람은 언제나 겸손하게 행동해야 합니다. 첫 번째 이유는 모든 것을 잘하는 사람은 없기 때문입니다. 누구나 잘하는 분야가 있다면 못하는 분야도 있습니다. 두 번째 이유는 겸손하지 않고 <u>으스대는</u> 사람은 다른 사람들이 좋아하지 않기 때문입니다. 조금 잘한다고 자랑하면 사람들은 그 사람을 질투하거나 싫어합니다. 그러므로 항상 겸손한 마음을 가져야 합니다.

 **유의어 알아보기**

뜻 의기양양하여 자꾸 자랑하다.
예 시험 좀 잘 봤다고 너무 우쭐대네.

'우쭐대다'와 '으스대다'는 겸손하지 못하고 자꾸 자랑하는 모습을 못마땅해 할 때 사용해. '우쭐우쭐하다, 우쭐거리다'도 비슷한 뜻이야.

뜻 자기 능력을 보여주며 자랑하다.
예 은주는 자신의 노래 실력을 뽐냈다.

'뽐내다'는 능력을 자랑하는 말이니까 어떠한 능력과 함께 사용해. 노래 실력, 용기, 멋진 외모처럼 자신 있는 것들과 함께 말이야.

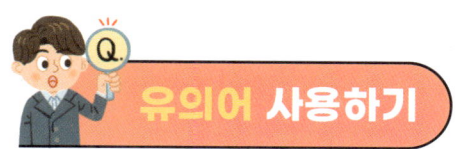 

유의어 사용하기

① 밑줄 친 단어와 비슷한 의미의 단어를 넣어 문장을 다시 써 보세요.

"공부 잘한다고 <u>으스대지</u> 말아 줘!"

➡ _____

② 다음 문장을 읽고 괄호에 가장 어울리는 단어를 <보기>에서 찾아 쓰세요.

보기　　열심히 하더니　　우쭐대더니　　겸손하더니

"호랑이가 없는 산속에서 [   ], 꼴좋네. 쌤통이다."

유의어 글쓰기

tip – 우쭐대는 행동이 좋은 행동인지 나쁜 행동인지 생각해 봐.

생각 꺼내기 '우쭐대는 행동'에 대한 나의 의견과 이유를 떠올려 써 보세요.

① 나의 의견은 무엇인가요?　　우쭐대는 행동은 _____

② 왜 그렇게 생각하나요?　　왜냐하면 _____

③ 예를 들어 볼까요?　　예를 들어 _____

④ 정리해 써 볼까요?　　그러므로 _____

짧은 글쓰기 '으스대다'의 유의어인 '우쭐대다'를 넣어 의견을 제시하는 글을 써 보세요.

_____
_____
_____
_____

43 보내다 / 전하다 / 물려주다

| 보 | 내 | 다 | 물건을 다른 곳에 가게 하다. |

소중한 사람에게 내 마음을 표현해 보세요. 마음은 표현해야만 상대방이 알 수 있습니다. 말이나 행동으로 표현하지 않고, 마음속에만 담아 둬서는 안 됩니다. 누군가에게 감사하는 마음이 있다면 그 사람에게 편지를 보내거나 선물을 주는 건 어떨까요? '고맙습니다, 감사합니다'라고 직접 말하는 것도 좋습니다.

 **유의어 알아보기**

| 전 | 하 | 다 |

- 뜻 어떤 물건을 다른 사람에게 주다.
- 예 직접 쓴 편지를 선생님께 전하다.

'전하다'는 '전달하다'와 비슷한 뜻이야. 내가 가진 무언가를 다른 사람에게 준다는 뜻이지. 소식을 알릴 때도 쓸 수 있어. '소식을 전하다'로 말이야.

| 물 | 려 | 주 | 다 |

- 뜻 재물이나 기술 등을 전해 주다.
- 예 내가 가진 재산을 너에게 물려주겠다.

'물려주다'는 유산을 물려줄 때, 일을 물려줄 때, 왕의 자리를 물려줄 때, 환경을 물려줄 때 사용할 수 있어. 보통 뒤에 오는 세대에 무언가를 전할 때 사용해.

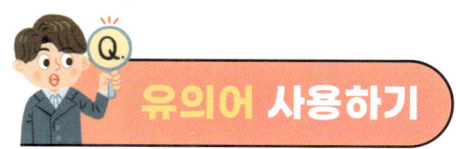 

유의어 사용하기

1 다음 문장에서 바르지 않게 사용된 단어를 알맞은 단어로 고치세요.

친구에게 선생님의 말씀을 던지다.

➡ 친구에게 선생님의 말씀을 _____.

2 다음 중 단어의 뜻을 알맞게 풀이한 것에 ○표 하세요.

① 전하다 : 어떤 물건을 다른 사람에게 주다.   (   )

② 물려주다 : 재물이나 기술 등을 배워 오다.   (   )

유의어 글쓰기   tip – 어떻게 마음을 전했을 때 가장 편하고 좋았는지 생각해 봐.

생각 꺼내기 '마음을 전하는 좋은 방법'에 대한 나의 의견과 이유를 떠올려 써 보세요.

1 나의 의견은 무엇인가요?   마음을 전하는 좋은 방법은 _____

2 왜 그렇게 생각하나요?   왜냐하면 _____

3 예를 들어 볼까요?   예를 들어 _____

4 정리해 써 볼까요?   그러므로 _____

짧은 글쓰기 '보내다'의 유의어인 '전하다'를 넣어 의견을 제시하는 글을 써 보세요.

_____
_____
_____
_____

44 닳다 / 낡다 / 소모되다

 오래 사용해서 물건의 크기, 두께, 길이 등이 줄다.

요즘 멀쩡한 옷들도 유행이 지났다는 이유로 버리는 경우가 많습니다. 의류 수거함에는 하나도 닳지 않은 새 옷들도 들어 있습니다. 하지만 우리는 물건을 아껴 쓰는 습관을 지녀야 합니다. 그 이유는 돈을 낭비하지 않아 올바른 소비 습관을 기를 수 있고, 자원을 절약하여 자연을 보호할 수 있기 때문입니다.

 **유의어 알아보기**

뜻 **물건이 오래되어 헐다.**

예 가방이 낡아서 새로 하나 사야겠어.

'낡다'는 물건뿐만 아니라 생각이나 제도가 오래되었을 때도 사용해. '낡은 생각, 낡은 제도, 낡은 시대, 낡은 가치관'처럼 말이야.

뜻 **많이 사용되어 없어지다.**

예 이 자동차는 연료가 많이 소모되는 편이야.

물건이 오래되었을 때는 '닳다'나 '낡다'를 주로 사용하고, 시간이나 에너지가 쓰여 없어질 때는 '소모되다'를 사용해.

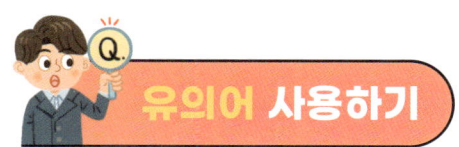 **유의어 사용하기**

① <보기> 속 단어를 넣어 짧은 글을 완성해 보세요.

> **보기**　　　　　소모　낡은

어제 가족들과 함께 청소를 했다. 나는 [　　　　] 수건을 걸레로 사용해서 이곳저곳을 닦았다. 네 시간에 걸친 청소가 끝날 때쯤에는 가지고 있는 체력이 모두 [　　　　] 되어 매우 피곤했다.

② 다음 밑줄 친 부분과 바꿔 쓸 수 없는 단어를 고르세요.

아버지의 옷장에는 옷깃이 <u>닳은</u> 셔츠가 많이 있었다.

① 낡은　② 멀쩡한　③ 해진　④ 오래된

유의어 글쓰기

생각 꺼내기 '낡은 물건 사용하기'에 대한 나의 의견과 이유를 떠올려 써 보세요.

① 나의 의견은 무엇인가요?　낡은 물건을 사용하는 것은 _____

② 왜 그렇게 생각하나요?　왜냐하면 _____

③ 예를 들어 볼까요?　예를 들어 _____

④ 정리해 써 볼까요?　그러므로 _____

짧은 글쓰기 '닳다'의 유의어인 '낡다'를 넣어 의견을 제시하는 글을 써 보세요.

_____
_____
_____
_____

45 계산하다 / 셈하다 / 헤아리다

계 산 하 다
값이나 수를 생각하다.

우리는 수학 공부를 열심히 해야 합니다. 왜냐하면 수학을 통해 계산하는 능력을 기를 수 있기 때문입니다. 이러한 능력은 실생활에서도 매우 유용합니다. 예를 들어, 마트에서 물건을 산 다음 제대로 계산해야만 올바르게 돈을 내고 거스름돈을 받을 수 있습니다. 그러므로 계산을 잘하기 위해서는 수학 공부를 열심히 해야 합니다.

유의어 알아보기

셈 하 다

뜻 **수를 세다.**
예 이 음식의 값을 셈해 볼까?

'셈하다'의 '셈'은 '계산'이라고 생각하면 쉬워. '셈이 빠르다'라는 말은 계산이 빠르다는 뜻이지. '셈하다'는 돈이나 사람 수 등을 셀 때 주로 사용해.

헤 아 리 다

뜻 **그 수가 얼마나 되는지 생각하다.**
예 체험 학습이 며칠 남았는지 손가락을 헤아려 보자.

'헤아리다'는 수를 세는 것 이외에도 미루어 짐작한다는 뜻을 가지고 있어. 이 뜻으로 쓸 때는 '한 치 앞도 헤아릴 수 없었다'처럼 사용해.

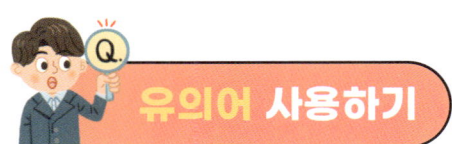 **유의어 사용하기**

1 다음 중 '셈하다'와 어울리는 상황에 ○표 하세요.

① 선생님 : 우리 반 친구들이 다 왔는지 한번 세 볼래?   (   )

② 이모 : 혼자서 요리도 할 줄 알고, 대단한데?   (   )

2 다음 중 단어의 뜻을 잘못 설명한 문장에 X표 하세요.

① 셈하다 : 수를 빼다.   (   )

② 헤아리다 : 그 수가 얼마나 되는지 생각하다.   (   )

유의어 글쓰기

tip – 수학 문제를 풀 때 계산기를 사용하는 것에 찬성하는지 반대하는지 생각하고 답변을 써 봐.

생각 꺼내기 '수학 문제를 풀 때 계산기로 셈하기'에 대한 나의 의견과 이유를 떠올려 써 보세요.

1 나의 의견은 무엇인가요?   수학 문제를 풀 때 계산기로 셈하는 것에 _____

2 왜 그렇게 생각하나요?   왜냐하면 _____

3 예를 들어 볼까요?   예를 들어 _____

4 정리해 써 볼까요?   그러므로 _____

짧은 글쓰기 '계산하다'의 유의어인 '셈하다'를 넣어 의견을 제시하는 글을 써 보세요.

_____

_____

_____

_____

3장 ★ 이유를 들어 의견을 제시하는 글

46 살피다 / 관찰하다 / 둘러보다

| 살 | 피 | 다 | 두루두루 자세히 보다. |

저녁에 길을 건널 때는 주위를 잘 살펴야 합니다. 저녁이 되면 낮과 다르게 시야가 어두워져서 사람이나 사물을 제대로 보지 못하기 때문입니다. 예를 들어 낮에는 잘 보이던 검은색 자동차도 저녁에는 잘 보이지 않습니다. 저녁에 건널목을 이용할 때는 갑자기 자동차를 만날 수 있으니, 길을 건너기 전에 주위를 잘 살펴본 다음 걸어가는 게 좋습니다.

유의어 알아보기

| 관 | 찰 | 하 | 다 |

뜻 **현상이나 물건을 자세히 보다.**
예 현미경으로 나뭇잎을 관찰했다.

'관찰하다'의 '관찰'은 현상을 자세히 본다는 뜻이야. 과학책의 친구인 '실험 관찰'이라는 책을 알고 있지? 실험을 자세히 살펴본다는 뜻이 아닐까?

| 둘 | 러 | 보 | 다 |

뜻 **주변을 두루 보다.**
예 높은 산에 올라가 도시를 둘러보았다.

'둘러보다'는 사방을 두루 본다는 뜻인데, '두루'라는 말은 '빠짐없이 골고루'라는 말이야. '관찰하다'가 한 가지를 자세히 보는 거라면, '둘러보다'는 멀리서 이곳저곳을 볼 때 주로 사용할 수 있어.

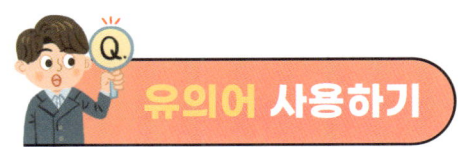

유의어 사용하기

1 빈칸에 알맞은 단어를 넣어 유의어의 뜻을 완성해 보세요.

① 관찰하다 : 현상이나 물건을 (　　　　　　).

② 둘러보다 : 주변을 (　　　　　　).

2 다음 문장의 빈칸에 공통으로 들어갈 단어를 골라 ○표 하세요.

현미경으로 세포를 (　　　　)하다.

경찰이 범인이 남기고 간 단서를 자세히 (　　　　)하다.

> 보기　　　소모　관찰　비판　주력

유의어 글쓰기

tip – 친구들을 관찰하여 친해지게 된 경험을 떠올려 봐!

생각 꺼내기 '친구와 친해지려면 친구를 잘 관찰해야 한다'라는 생각에 대한 나의 의견과 이유를 떠올려 써 보세요.

① 나의 의견은 무엇인가요?　'친구와 친해지려면 친구를 잘 관찰해야 한다는 것에

_____

② 왜 그렇게 생각하나요?　왜냐하면 _____

③ 예를 들어 볼까요?　예를 들어 _____

④ 정리해 써 볼까요?　그러므로 _____

짧은 글쓰기 '살피다'의 유의어인 '관찰하다'를 넣어 의견을 제시하는 글을 써 보세요.

_____

_____

_____

_____

47 주의하다 / 조심하다 / 경계하다

주 의 하 다
기억해 두어 조심하다.

글을 쓸 때는 맞춤법에 주의해야 합니다. 맞춤법은 글을 쓸 때 지켜야 하는 규칙입니다. 맞춤법을 지키지 않으면, 나의 생각을 제대로 전달하지 못할 수 있습니다. 또한 언어 사용 예절이 부족한 사람으로 보일 수 있습니다. 그러므로 글을 쓸 때 이 표현이 맞춤법에 올바른 표현인지 아닌지를 생각하며 써야 합니다.

 **유의어 알아보기**

조 심 하 다

뜻 **실수하지 않도록 마음을 쓰다.**
예 학교 가는 길에는 언제나 조심해야 해.

'조심하다'의 '조심'은 조심해야 할 것들과 붙어서 여러 가지 모습으로 사용돼. '차 조심, 말조심, 길 조심, 사람 조심, 개 조심'처럼 말이야.

경 계 하 다

뜻 **사고가 일어나지 않도록 조심하다.**
예 계단에서 넘어지지 않도록 경계하세요.

'경계하다'는 '조심하다'는 뜻 이외에 적이 오는지를 살필 때도 사용해. '경계 근무, 주변 경계, 경계 태세'처럼 말이야.

유의어 사용하기

1) 초성 힌트를 보고, 문장에 어울리는 단어를 써넣어 보세요.

① 건물을 지을 때에는 항상 사고를 [ㄱㄱ]해야 합니다.　　_____

② 어른들과 이야기할 때는 말을 [ㅈㅅ]하는 게 좋아.　　_____

2) 단어에 대해 바르게 말한 친구에게 ○표 하세요.

정현 : '조심하다'는 '차 조심, 사람 조심'처럼 쓰일 수 있어.　　(　　)

참이 : '경계하다'는 어떤 물건을 모두 사용해 버렸을 때 써.　　(　　)

유의어 글쓰기

생각 꺼내기　'학교에서 조심해야 하는 행동'에 대한 나의 의견과 이유를 떠올려 써 보세요.

1) 나의 의견은 무엇인가요?　학교에서 조심해야 하는 행동은 _____

2) 왜 그렇게 생각하나요?　왜냐하면 _____

3) 예를 들어 볼까요?　예를 들어 _____

4) 정리해 써 볼까요?　그러므로 _____

짧은 글쓰기　'주의하다'의 유의어인 '조심하다'를 넣어 의견을 제시하는 글을 써 보세요.

_____

_____

_____

_____

3장 ★ 이유를 들어 의견을 제시하는 글

48 적합하다 / 적당하다 / 알맞다

적합하다   어떤 일이나 상황에 잘 맞다.

가족들에게 관심을 가집시다. 매일 본다는 이유로 소홀해질 수 있는 게 가족입니다. 하지만 가족만큼 중요한 것은 없습니다. 가족들에게 관심을 주는 쉬운 방법은 식사 시간을 이용하는 것입니다. 그 이유는 식탁이 가족들과 대화하기 **적합한** 곳이기 때문입니다. 식탁을 사이에 두고 맛있는 음식을 먹으며 가족들과 즐겁게 이야기 나눌 수 있습니다.

유의어 알아보기

적당하다

- 뜻: 넘치거나 모자라지 않고 정도에 알맞다.
- 예: 이 정도 크기의 가방이면 **적당해**.

'적당하다'와 '적합하다' 모두 '맞을 적(適)'이라는 한자를 사용해. 잘 맞다는 뜻이 포함되어 있지.

알맞다

- 뜻: 어떤 기준에 넘치거나 모자라지 않고 잘 맞다.
- 예: 김치가 딱 **알맞게** 익었군!

'알맞다'는 '시간을 알맞게 조정했어, 이 옷은 너에게 알맞아, 네 글은 알맞게 쓰였어'처럼 다양하게 활용할 수 있어.

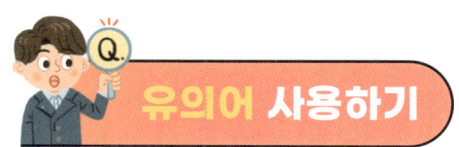

유의어 사용하기

① 밑줄 친 단어와 비슷한 의미의 단어를 넣어 문장을 다시 써 보세요.

"이 정도 크기면 우리 가족이 먹기에 적합할 것 같은데?"

➡ _____

② 다음 문장을 읽고 괄호에 가장 어울리는 단어를 <보기>에서 찾아 쓰세요.

> 보기   부족한   사용한   알맞은

"빈칸에 들어갈 [ ] 표현은 무엇일까요?"

유의어 글쓰기

생각 꺼내기 '초등학생에게 적당한 게임 시간'에 대한 나의 의견과 이유를 떠올려 써 보세요.

① 나의 의견은 무엇인가요?   초등학생에게 적당한 게임 시간은 _____

② 왜 그렇게 생각하나요?   왜냐하면 _____

③ 예를 들어 볼까요?   예를 들어 _____

④ 정리해 써 볼까요?   그러므로 _____

짧은 글쓰기 '적합하다'의 유의어인 '적당하다'를 넣어 의견을 제시하는 글을 써 보세요.

_____

_____

_____

3장 ★ 이유를 들어 의견을 제시하는 글

49 보존하다 / 지키다 / 보호하다

보존하다   잘 보호하여 남기다.

자연을 보존해야 합니다. 우리의 후손에게 훼손되지 않은 자연을 물려주어야 하기 때문입니다. 그동안 우리는 물, 나무, 바람, 하늘과 같은 자연을 자유롭게 이용할 수 있었습니다. 그런데 우리가 자연을 잘 보존하지 않는다면 후손들은 우리가 당연하게 누리는 것을 누리지 못할 것입니다. 그러므로 깨끗한 자연을 남겨 줄 수 있도록 다 함께 노력해야 합니다.

유의어 알아보기

지키다

뜻 내 것을 빼앗기지 않게 보호하다.
예 나의 건강을 내가 지켜야지.

'지키다'는 나의 재산이나 이익을 보호할 때도 사용하지만, 규칙이나 법을 따를 때도 사용해. '규칙을 지키다, 교통 법규를 지키다'처럼 말이야.

보호하다

뜻 다치거나 훼손되지 않도록 잘 지키다.
예 우리 고장의 소중한 산을 보호합시다.

'보호하다'는 '보존하다'와 비슷하지만 뜻이 살짝 달라. '보존하다'에는 계속해서 보호한다는 뜻이 담겨 있어. 보호해서 원래의 상태를 유지하는 게 '보존하다'인 셈이지.

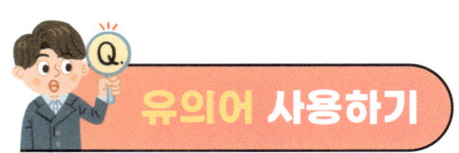

유의어 사용하기

1 다음 문장에서 바르지 않게 사용된 단어를 알맞은 단어로 고치세요.

전 세계 사람들이 함께 자연을 **훼손해야** 해.

➡ 전 세계 사람들이 함께 자연을 ☐ 해.

2 다음 중 단어의 뜻을 알맞게 풀이한 것에 ○표 하세요.

① **지키다** : 내 것을 빼앗기다.   (   )

② **보호하다** : 다치거나 훼손되지 않도록 잘 지키다.   (   )

유의어 글쓰기

생각 꺼내기 '환경을 보호하는 방법'에 대한 나의 의견과 이유를 떠올려 써 보세요.

1 나의 의견은 무엇인가요?   환경을 보호하는 방법은 _____

2 왜 그렇게 생각하나요?   왜냐하면 _____

3 예를 들어 볼까요?   예를 들어 _____

4 정리해 써 볼까요?   그러므로 _____

짧은 글쓰기 '보존하다'의 유의어인 '보호하다'를 넣어 의견을 제시하는 글을 써 보세요.

_____
_____
_____
_____

3장 ★ 이유를 들어 의견을 제시하는 글

50 사용하다 / 이용하다 / 다루다

| 사 | 용 | 하 | 다 | 물건, 사람 등을 목적에 맞춰 쓰다. |

초등학생들은 바르고 고운 말을 사용해야 합니다. 그 이유는 초등학교 때 생긴 말버릇은 어른이 되어서도 남기 때문입니다. "세 살 버릇 여든까지 간다."라는 속담이 있습니다. 한 번 몸에 밴 버릇은 쉽게 없어지지 않는다는 뜻입니다. 그러므로 어렸을 때 바른 말을 사용하는 습관을 지니면 어른이 되어서도 바르고 고운 말을 쓸 수 있을 것입니다.

유의어 알아보기

| 이 | 용 | 하 | 다 |

- 뜻 물건, 사람 등을 필요에 맞게 이롭게 쓰다.
- 예 가위를 이용해서 색종이를 잘라 보세요.

'이용하다'에는 필요에 맞춰 이롭게 쓴다는 뜻도 있지만, 자신의 이익을 위해 사람이나 도구를 쓴다는 뜻도 있어. '내가 이기기 위해 너를 이용했어'처럼 말이야.

| 다 | 루 | 다 |

- 뜻 어떤 기계, 기구 등을 사용하다.
- 예 신영이는 피아노를 다룰 줄 안다.

'다루다'는 특히 악기나 기계 등에 많이 쓰여. 컴퓨터, 드럼, 기계, 자전거 등과 함께 쓸 수 있어.

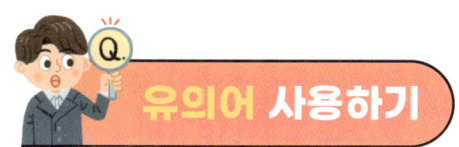

① <보기> 속 단어를 넣어 짧은 글을 완성해 보세요.

> 보기   이용한   다루는

별이는 여러 가지 악기를 [　　　　] 것에 소질이 있다. 플루트, 피아노, 바이올린, 리코더까지 못하는 악기가 없다. 최근에는 전자 악기를 [　　　　] 음악들도 자유롭게 연주하는 모습을 보여 주었다.

② 다음 밑줄 친 부분과 바꿔 쓸 수 없는 단어를 고르세요.

"진호는 우리 반에서 노트북을 가장 잘 <u>이용할</u> 줄 아는 친구야."

① 사용할   ② 부술   ③ 다룰   ④ 쓸

유의어 글쓰기

생각 꺼내기 '자전거를 이용해 등교하는 것'에 대한 나의 의견과 이유를 떠올려 써 보세요.

① 나의 의견은 무엇인가요?   자전거를 이용해 등교하는 것은 _____

② 왜 그렇게 생각하나요?   왜냐하면 _____

③ 예를 들어 볼까요?   예를 들어 _____

④ 정리해 써 볼까요?   그러므로 _____

짧은 글쓰기 '사용하다'의 유의어인 '이용하다'를 넣어 의견을 제시하는 글을 써 보세요.

_____
_____
_____
_____

51 충분하다 / 풍족하다 / 족하다

| 충 | 분 | 하 | 다 | 모자란 것 없이 여유가 있다. |

요즘 비만 어린이들의 수가 점점 늘어나고 있습니다. 사용하는 양보다 더 많은 양의 칼로리를 먹는 게 그 원인입니다. 설탕이 든 달콤한 음식은 대부분 고칼로리 음식입니다. 소아 비만이 되지 않으려면 달콤한 음식을 조금만 먹어야 합니다. 초콜릿, 쿠키, 케이크 등 달콤한 간식은 가끔 한 번씩 먹는 것으로 충분하다고 생각합니다.

 **유의어 알아보기**

| 풍 | 족 | 하 | 다 |

뜻 **매우 넉넉하여 모자람이 없다.**
예 나는 어렸을 때 언제나 풍족하게 지냈다.

'풍족하다'에는 '풍년 풍(豐)'이라는 한자를 사용해. 풍년은 곡식이 잘 자라서 수확이 많은 해를 뜻해. 같은 한자를 쓰는 '풍만하다, 풍부하다'에서도 넉넉함이 느껴지지?

| 족 | 하 | 다 |

뜻 **수나 양이 넉넉하다.**
예 만 원 정도면 일주일 용돈으로 족하다.

'족하다'는 '풍족하다'를 줄여서 말하는 것과 비슷해. 하지만 '풍족하다'는 넉넉해서 남을 때 주로 사용하고, '족하다'는 모자라지 않을 정도로 많다는 걸 표현할 때 사용해.

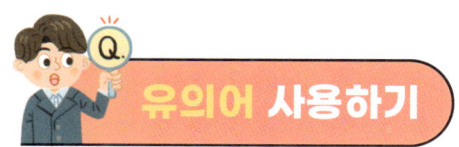

유의어 사용하기

1 다음 중 '풍족하다'와 어울리는 상황에 ○표 하세요.

① 채은 : 이제 과자 상자에 과자가 하나밖에 남지 않았어. (   )

② 하연 : 우와! 냉장고에 맛있는 과일이 가득 차 있네! (   )

2 다음 중 단어의 뜻을 잘못 설명한 문장에 X표 하세요.

① 풍족하다 : 여유가 없어 모자라다. (   )

② 족하다 : 수나 양이 넉넉하다. (   )

유의어 글쓰기

tip – 언제 풍족함을 더 느끼는지 생각해 봐. 많이 가졌을 때? 내 것을 나눌 때?

생각 꺼내기 '풍족한 마음'에 대한 나의 의견과 이유를 떠올려 써 보세요.

1 나의 의견은 무엇인가요?   풍족한 마음은 _____

2 왜 그렇게 생각하나요?   왜냐하면 _____

3 예를 들어 볼까요?   예를 들어 _____

4 정리해 써 볼까요?   그러므로 _____

짧은 글쓰기 '충분하다'의 유의어인 '풍족하다'를 넣어 의견을 제시하는 글을 써 보세요.

_____
_____
_____
_____

3장 ★ 이유를 들어 의견을 제시하는 글

52 허다하다 / 흔하다 / 수많다

| 허 | 다 | 하 | 다 | 수나 경우가 매우 많다. |

복도에서 뛰어선 안 됩니다. 첫 번째 이유는 다른 친구와 부딪칠 수 있기 때문입니다. 정신없이 달리다 보면 반대편에서 오는 친구와 부딪치는 경우가 허다합니다. 만약 뛰지 않고 걸었다면 이런 일은 생기지 않았을 것입니다. 두 번째 이유는 복도는 실내이기 때문입니다. 실내에서 뛰는 행동은 예의에 어긋나는 행동입니다. 달리고 싶다면 밖으로 나가 달려야 합니다.

유의어 알아보기

| 흔 | 하 | 다 |

- 뜻 어떤 일이 자주 일어나서 쉽게 볼 수 있다.
- 예 요즘은 포도가 흔하다.

'흔하다'의 부정 표현인 '흔하지 않다'는 쉽게 볼 수 없다는 뜻이야. 또 '흔하지'를 줄여서 '흔치'라고도 써. '이건 흔치 않은 기회야' 처럼 말이야.

| 수 | 많 | 다 |

- 뜻 수가 매우 많다.
- 예 공연장에 모인 수많은 사람들을 봐.

'수많다'는 주로 '수많은'이라는 형태로 사용해. '수많은 친구, 수많은 관객, 수많은 별, 수많은 시련'처럼 말이야.

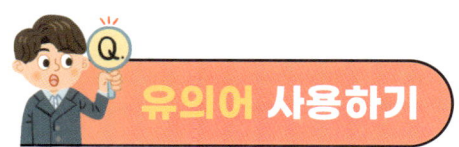

유의어 사용하기

1 빈칸에 알맞은 단어를 넣어 유의어의 뜻을 완성해 보세요.

① 흔하다 : 어떤 일이 (　　　　　　) 쉽게 볼 수 있다.

② 수많다 : 수가 (　　　　　　).

2 다음 문장의 빈칸에 공통으로 들어갈 단어를 골라 ○표 하세요.

머릿속에 (　　　　) 생각이 떠오른다.

이 책은 (　　　　) 어린이가 읽은 좋은 책이다.

> **보기**　　넉넉한　　수많은　　부족한　　보기 드문

유의어 글쓰기

생각 꺼내기 '친구들끼리 다투는 것은 흔하게 있는 일이다'에 대한 나의 의견과 이유를 떠올려 써 보세요.

1 나의 의견은 무엇인가요?　친구들끼리 다투는 것은 흔하게 있는 일이라는 생각에
_____

2 왜 그렇게 생각하나요?　왜냐하면 _____

3 예를 들어 볼까요?　예를 들어 _____

4 정리해 써 볼까요?　그러므로 _____

짧은 글쓰기 '허다하다'의 유의어인 '흔하다'를 넣어 의견을 제시하는 글을 써 보세요.

_____

_____

_____

53 필요하다 / 절실하다 / 요긴하다

| 필 | 요 | 하 | 다 | 사용해야 할 곳이 있다. |

글쓰기와 수학 중 어떤 게 더 중요할까요? 두 가지 모두 중요하지만, 저는 글쓰기가 더 중요하다고 생각합니다. 그 이유는 글쓰기는 계속 필요하기 때문입니다. 중학생, 고등학생이 되어 숙제를 하려면 글쓰기를 할 줄 알아야 합니다. 또한 어른이 되어서도 글을 써야 하는 상황을 자주 만나게 된다고 합니다. 글쓰기는 평생 필요한 능력이기 때문에 저는 글쓰기가 더 중요하다고 생각합니다.

유의어 알아보기

| 절 | 실 | 하 | 다 |

- 뜻 **어떤 물건 등이 매우 급하게 필요하다.**
- 예 가뭄에 지친 농부들에게는 비가 절실하다.

'절실하다'는 급하고 절박하게, 꼭 필요한 것이 있을 때 사용해. '대책이 절실하다, 도움이 절실하다' 등으로 쓸 수 있어.

| 요 | 긴 | 하 | 다 |

- 뜻 **꼭 필요하다.**
- 예 놀이터에 갈 때는 이 가방이 요긴해.

'요긴하다'에는 '중요하다'에 쓰이는 한자 '요긴할 요(要)'가 들어가. 그만큼 '꼭 필요하고 중요하다'라는 뜻이야. '헌 옷 수거함에 있는 옷들이 누군가에게는 요긴하게 사용될 수 있어'처럼 쓸 수 있어.

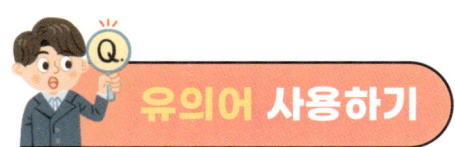 **유의어 사용하기**

① 초성 힌트를 보고, 문장에 어울리는 단어를 써넣어 보세요.

① 지금 나에게 가장 [ㅈㅅ]한 과제는 피구 실력을 높이는 것이다. _____

② 냉장고는 살림에 아주 [ㅇㄱ]한 물건이다. _____

② 단어에 대해 바르게 말한 친구에게 ○표 하세요.

대전 : '절실하다'는 매우 급하게 필요한 것과 함께 사용해.   (   )

채원 : '요긴하다'는 말이나 글을 간단하게 정리할 때 사용해.   (   )

유의어 글쓰기

생각 꺼내기 '나에게 절실한 것'에 대한 나의 의견과 이유를 떠올려 써 보세요.

① 나의 의견은 무엇인가요?   나에게 절실한 것은 _____

② 왜 그렇게 생각하나요?   왜냐하면 _____

③ 예를 들어 볼까요?   예를 들어 _____

④ 정리해 써 볼까요?   그러므로 _____

짧은 글쓰기 '필요하다'의 유의어인 '절실하다'를 넣어 의견을 제시하는 글을 써 보세요.

_____
_____
_____
_____

54. 얇다 / 얄따랗다 / 엷다

| 얇 | 다 | 두껍지 않다. |

책을 읽는 게 어렵다면 두께가 얇은 책부터 읽어 봅시다. 얇은 책으로 시작한 독서가 나의 습관이 될 수 있기 때문입니다. 저도 처음에는 얇은 책으로 시작해서 점점 두께가 두꺼운 책을 읽게 되었습니다. 아마 지금 두꺼운 책을 읽는 친구들도 얇은 책부터 시작한 친구들이 많을 것입니다. "천 리 길도 한 걸음부터"라는 말이 있듯이 쉬운 것부터 시작해 보길 바랍니다.

 **유의어 알아보기**

| 얄 | 따 | 랗 | 다 |

뜻 **꽤 얇다.**

예 아영이는 입술이 얄따랗다.

'얄따랗다'는 '얇다'가 변형된 단어야. '커다랗다'처럼 '얇다랗다'가 되어야 할 것 같지? 하지만 겹받침의 끝소리가 나지 않을 때는 소리 나는 대로 적어야 해. 쉽게 말해 'ㄼ'의 끝소리인 [ㅂ] 소리가 나지 않아서 '얄따랗다'가 된 거지!

| 엷 | 다 |

뜻 **두껍지 않다.**

예 드디어 엷은 이불을 덮는 여름이 되었네.

'엷다'는 '엷은 옷'처럼 두께를 나타낼 때도 사용하지만 '엷은 색깔, 엷은 화장'처럼 색깔, 빛깔이 연할 때도 사용하는 단어야.

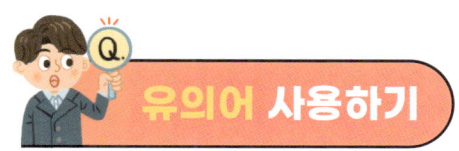

유의어 사용하기

① '얄따랗다'와 비슷한 단어를 모두 골라 ○표 하세요.

> 얇다   툭툭하다   엷다   얄팍하다   도톰하다

② 괄호 속 단어를 활용하여 문장을 바꾸어 써 보세요.

① 그 사람은 커다란 눈에 얇은 입술을 가진 사람이다.

➡ (얄따랗다) _____

② 엄마의 눈 주변에는 얇은 주름이 있다.

➡ (엷다) _____

유의어 글쓰기

생각 꺼내기 '입술은 엷을수록 좋다'에 대한 나의 의견과 이유를 떠올려 써 보세요.

① 나의 의견은 무엇인가요?   입술은 엷을수록 좋다는 생각에 _____

② 왜 그렇게 생각하나요?   왜냐하면 _____

③ 예를 들어 볼까요?   예를 들어 _____

④ 정리해 써 볼까요?   그러므로 _____

짧은 글쓰기 '얇다'의 유의어인 '엷다'를 넣어 의견을 제시하는 글을 써 보세요.

_____

_____

_____

_____

3장 ★ 이유를 들어 의견을 제시하는 글

55 간추리다 / 정리하다 / 요약하다

간추리다 — 중요한 부분만 간단하게 정리하다.

공책 정리는 요점만 <u>간추려서</u> 적어야 합니다. 그 이유는 모든 내용을 공책에 적을 필요는 없기 때문입니다. 선생님께서 하시는 말씀이나 교과서 속 내용에는 중요한 것과 중요하지 않은 것이 있습니다. 중요하지 않은 내용까지 모두 적을 필요는 없습니다. 어떤 내용인지 잘 생각한 다음, 중요한 내용만 간추려서 공책에 적는 게 효과적으로 공책을 정리하는 방법입니다.

유의어 알아보기

정리하다
- 뜻: 흐트러져 있는 걸 질서 있게 만들다.
- 예: 머릿속 생각을 <u>정리해서</u> 말해 볼까?

'정리하다'는 '간추리다'와 비슷하지만, '간추리다'가 주로 글을 정리할 때 사용된다면 '정리하다'는 '방을 정리하다, 책을 정리하다'처럼 물건이나 공간을 질서 있게 만들 때도 사용할 수 있어.

요약하다
- 뜻: 말이나 글의 중요한 부분을 간단히 정리하다.
- 예: 사회책의 내용을 <u>요약해서</u> 공책에 써 봅시다.

'요약하다'는 물건을 정리할 때는 사용하지 않는 단어야. '내용을 요약하다, 이야기를 요약하다, 주제를 요약하다'처럼 말이나 글을 정리할 때 사용해.

유의어 사용하기

① 밑줄 친 단어와 비슷한 의미의 단어를 넣어 문장을 다시 써 보세요.

"윤희는 수업 내용을 **간추리는** 걸 정말 잘해."

➡ _____

② 다음 문장을 읽고 괄호에 가장 어울리는 단어를 <보기>에서 찾아 쓰세요.

<보기>　　요약하면　　보호하면　　주력하면

"이야기의 내용을 한 단어로 [　　　　　] 권선징악이다."

유의어 글쓰기

생각 꺼내기　'쉬는 시간마다 책상을 정리해야 한다'에 대한 나의 의견과 이유를 떠올려 써 보세요.

① 나의 의견은 무엇인가요?　쉬는 시간마다 책상을 정리해야 한다는 의견에 _____
_____

② 왜 그렇게 생각하나요?　왜냐하면 _____

③ 예를 들어 볼까요?　예를 들어 _____

④ 정리해 써 볼까요?　그러므로 _____

짧은 글쓰기　'간추리다'의 유의어인 '정리하다'를 넣어 의견을 제시하는 글을 써 보세요.

_____

_____

_____

56 반복하다 / 거듭하다 / 중복하다

반 복 하 다   같은 일을 자꾸 하다.

좋은 습관을 만들기 위해서는 같은 행동을 매일 반복해야 합니다. 그 이유는 습관은 반복을 통해 만들어지기 때문입니다. 예를 들어 책을 읽는 습관을 만들고 싶다면, 매일 같은 시간에 책을 읽으면 됩니다. 운동하는 습관을 만들고 싶다면, 정해진 시간에 계속해서 운동하면 됩니다. 습관은 하루아침에 만들어지는 게 아닙니다. 꾸준한 반복이 좋은 습관을 만듭니다.

 **유의어 알아보기**

거 듭 하 다

- 뜻: 어떤 일을 되풀이하다.
- 예: 학급 규칙을 정하기 위해 회의를 거듭했다.

'거듭하다'는 어떤 일을 다시 한번 되풀이할 때 쓸 수 있어. '회의를 거듭하다, 논의를 거듭하다, 실험을 거듭하다' 등으로 사용해.

중 복 하 다

- 뜻: 어떤 일이나 행동을 되풀이하거나 겹치다.
- 예: 글쓰기를 할 때는 같은 단어를 중복해서 안 쓰는 게 좋다.

'중복'이라는 단어에 들어 있는 '겹칠 복(複)'은 거듭된다는 뜻이 들어 있어. 쉽게 말해 '여러 번'이라는 뜻이지.

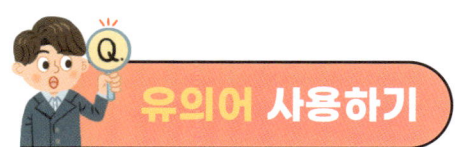 **유의어 사용하기**

① 다음 문장에서 바르지 않게 사용된 단어를 알맞은 단어로 고치세요.

한 번 했던 말을 **중재해서** 말하는 건 피해야 한다.

➡ 한 번 했던 말을 [ ] 말하는 건 피해야 한다.

② 다음 중 단어의 뜻을 알맞게 풀이한 것에 ○표 하세요.

① **거듭하다** : 어떤 일에 도전하다. ( )

② **중복하다** : 어떤 일이나 행동을 되풀이하거나 겹치다. ( )

유의어 글쓰기   tip – 다음 의견에 찬성하는지 반대하는지 먼저 생각해 봐.

생각 꺼내기 '거듭해서 수업을 방해하는 친구는 벌을 받아야 한다'에 대한 나의 의견과 이유를 떠올려 써 보세요.

① 나의 의견은 무엇인가요?   거듭해서 수업을 방해하는 친구는 벌을 받아야 한다는 의견에 _____

② 왜 그렇게 생각하나요?   왜냐하면 _____

③ 예를 들어 볼까요?   예를 들어 _____

④ 정리해 써 볼까요?   그러므로 _____

짧은 글쓰기 '반복하다'의 유의어인 '거듭하다'를 넣어 의견을 제시하는 글을 써 보세요.

_____
_____
_____
_____

57 북적거리다 / 붐비다 / 복작거리다

북적거리다   많은 사람이 모여 어지럽게 움직이다.

도서실을 이용할 수 있는 시간이 늘어나면 좋겠습니다. 중간 놀이와 점심시간만으로는 도서실 이용이 어렵기 때문입니다. 이용 시간이 짧아서 도서실은 언제나 책을 빌리려는 친구들로 북적거립니다. 그래서 책을 빌리지 못하고 다시 돌아가야 하는 때도 많습니다. 쉬는 시간에도 도서실에 자유롭게 갈 수 있도록 이용 시간을 늘리면 좋겠습니다.

유의어 알아보기

붐비다
- 뜻: 좁은 공간에 여러 사람이 모이다.
- 예: 토요일 아침에는 기차역이 특히 붐빈다.

'붐비다'는 어떤 장소에 많은 사람이 모여 있는 것을 나타낼 때 쓰는 말이야. '고속도로가 차들로 붐빈다, 해수욕장에 사람들이 붐빈다'처럼 사용할 수 있어.

복작거리다
- 뜻: 좁은 공간에 많은 사람이 모여 어수선하다.
- 예: 새로 생긴 놀이터는 아이들로 복작거렸다.

'북적거리다'와 '복작거리다'는 액체의 거품이 보글보글 올라올 때도 사용할 수 있어. '주전자에 담긴 끓는 물이 북적거린다/복작거린다'처럼 말이야.

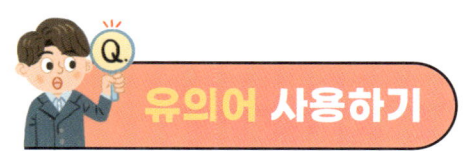

유의어 사용하기

1 <보기> 속 단어를 넣어 짧은 글을 완성해 보세요.

> **보기**   가장 붐비는   복작거린다

우리 집 앞 시장은 우리 동네에서 _____ 곳 중의 하나다. 아침에도, 밤에도 생기가 넘친다. 이곳에는 물건을 파는 사람과 물건을 사는 사람들이 온종일 _____.

2 다음 밑줄 친 부분과 바꿔 쓸 수 없는 단어를 고르세요.

주말 저녁, <u>붐비는</u> 야시장에 갈 때마다 마음이 설렌다.

① 북적거리는　　② 복작거리는　　③ 와글거리는　　④ 한적한

유의어 글쓰기

tip – 사람이 붐비는 곳은 재미있는 게 펼쳐지기도 하고, 때로는 위험하기도 해. 너는 이래 의견에 찬성하니, 반대하니?

생각 꺼내기 '사람이 붐비는 곳에는 가지 말아야 한다'에 대한 나의 의견과 이유를 떠올려 써 보세요.

1 나의 의견은 무엇인가요?　사람이 붐비는 곳에는 가지 말아야 한다는 의견에 ___

_____

2 왜 그렇게 생각하나요?　왜냐하면 _____

3 예를 들어 볼까요?　예를 들어 _____

4 정리해 써 볼까요?　그러므로 _____

짧은 글쓰기 '북적거리다'의 유의어인 '붐비다'를 넣어 의견을 제시하는 글을 써 보세요.

_____

_____

_____

58 한없다 / 무한하다 / 끝없다

| 한 | 없 | 다 | 정해진 끝이 없다. |

부모님께 감사한 마음을 가집시다. 부모님은 우리에게 한없는 사랑을 주시는 분이기 때문입니다. 우리가 지금처럼 건강하게 자랄 수 있었던 것도 보이지 않는 부모님의 노력 덕분입니다. 부모님께서는 지금까지 우리를 입혀 주시고, 먹여 주시고, 보살펴 주셨습니다. 부모님의 사랑을 항상 감사하게 생각하며, 부모님께 감사함을 표현하는 어린이가 됩시다.

유의어 알아보기

| 무 | 한 | 하 | 다 |

- 뜻 **수나 양이 한없이 많다.**
- 예 나는 무한한 가능성을 가지고 있다.

'무한'은 '없을 무(無), 한정할 한(限)'을 쓰는 한자어야. 다시 말해 한계가 없다는 뜻이지. 반대말은 '유한하다'겠지?

| 끝 | 없 | 다 |

- 뜻 **끝나는 것이 없다.**
- 예 민주는 완벽한 피아노 연주로 끝없는 박수를 받았다.

'끝없다'는 단어 그대로 끝이 없다는 뜻이야. 끝없이 영원히 계속된다는 의미지. '끝없다'는 무언가가 너무 많아서 도저히 셀 수 없을 때도 사용해.

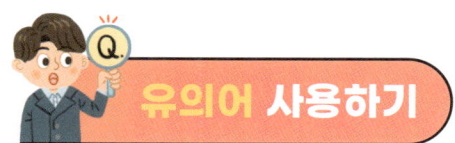

유의어 사용하기

1 다음 중 '무한하다'와 어울리는 상황에 ○표 하세요.

① 엄마 : 우리 은주는 궁금한 게 계속해서 생겨나는구나. ( )

② 선생님 : 인간은 다른 동물들과 마찬가지로 영원히 살 순 없어요. ( )

2 다음 중 단어의 뜻을 잘못 설명한 문장에 X표 하세요.

① 무한하다 : 수나 양이 한없이 많다. ( )

② 끝없다 : 끝나는 것이 있다. ( )

유의어 글쓰기

tip – 사람은 무한하게 살 수 있을까, 없을까?

생각 꺼내기 '사람은 무한하게 살 수 있다'에 대한 나의 의견과 이유를 떠올려 써 보세요.

1 나의 의견은 무엇인가요?   사람은 무한하게 살 수 _____

2 왜 그렇게 생각하나요?   왜냐하면 _____

3 예를 들어 볼까요?   예를 들어 _____

4 정리해 써 볼까요?   그러므로 _____

짧은 글쓰기 '한없다'의 유의어인 '무한하다'를 넣어 의견을 제시하는 글을 써 보세요.

_____

_____

_____

_____

59 절약하다 / 검약하다 / 절감하다

절 약 하 다 — 꼭 필요한 곳에 쓰기 위해 아끼다.

물을 아껴 씁시다. 물은 지구에 있는 중요한 자원 중 하나입니다. 물이 있어 인간을 포함한 동물, 식물이 살 수 있습니다. 또한 물은 산업과 생산 분야에서도 꼭 필요합니다. 물이 없다면 공장도 운영되기 힘들 것입니다. 최근 우리나라에도 물이 부족한 지역이 늘어나고 있습니다. 이럴 때일수록 한 방울의 물이라도 절약해야 합니다.

 **유의어 알아보기**

검 약 하 다

- 뜻: **돈, 물건 등을 아껴 쓰다.**
- 예: 우리 아버지는 검약한 생활을 하신다.

'검약하다'는 동사와 형용사로 사용할 수 있어. 동사로 쓸 때는 '생활비를 검약해야 한다'처럼 아껴 쓰는 행동을 나타내고, 형용사로 쓸 때는 '검약한 생활 태도'처럼 아끼는 성격을 표현해.

절 감 하 다

- 뜻: **아끼어 줄이다.**
- 예: 자동차 회사에서는 생산 원가를 절감하기 시작했다.

'절감하다'는 무언가를 아껴서 줄였을 때 쓸 수 있어. '난방비를 절감했다, 예산을 절감했다'처럼 비용과 함께 자주 쓰여.

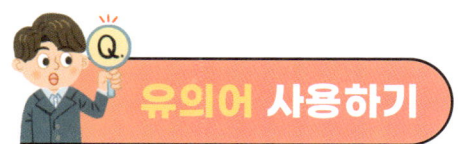

① 빈칸에 알맞은 단어를 넣어 유의어의 뜻을 완성해 보세요.

① **검약하다** : 돈, 물건 등을 (　　　　).

② **절감하다** : (　　　　) 줄이다.

② 다음 문장의 빈칸에 공통으로 들어갈 단어를 골라 ○표 하세요.

아버지는 언제나 (　　　　)하게 생활하셨다.

알뜰한 우리 가족 덕분에 나는 어렸을 때부터 (　　　　)이 몸에 뱄다.

보기 　　요약　검약　이용　적합

유의어 글쓰기

생각 꺼내기 '사람은 언제나 검약해야 한다'에 대한 나의 의견과 이유를 떠올려 써 보세요.

① 나의 의견은 무엇인가요?   사람은 언제나 검약해야 한다는 의견에 ＿＿＿＿

② 왜 그렇게 생각하나요?   왜냐하면 ＿＿＿＿＿＿＿＿＿＿＿＿＿

③ 예를 들어 볼까요?   예를 들어 ＿＿＿＿＿＿＿＿＿＿＿＿＿＿＿

④ 정리해 써 볼까요?   그러므로 ＿＿＿＿＿＿＿＿＿＿＿＿＿＿＿

짧은 글쓰기 '절약하다'의 유의어인 '검약하다'를 넣어 의견을 제시하는 글을 써 보세요.

＿＿＿＿＿＿＿＿＿＿＿＿＿＿＿＿＿＿＿＿＿＿＿＿＿＿＿＿＿＿＿

＿＿＿＿＿＿＿＿＿＿＿＿＿＿＿＿＿＿＿＿＿＿＿＿＿＿＿＿＿＿＿

＿＿＿＿＿＿＿＿＿＿＿＿＿＿＿＿＿＿＿＿＿＿＿＿＿＿＿＿＿＿＿

＿＿＿＿＿＿＿＿＿＿＿＿＿＿＿＿＿＿＿＿＿＿＿＿＿＿＿＿＿＿＿

60 기르다 / 키우다 / 보살피다

기 르 다
동물, 식물 등을 정성 들여 잘 자라게 하다.

우리 반에서도 식물을 기르면 좋겠습니다. 그렇게 생각하는 이유는 두 가지입니다. 첫 번째, 우리 반에 볕이 잘 들기 때문입니다. 햇빛이 충분한 창가에 화분을 두면 식물이 잘 자랄 것입니다. 두 번째, 식물을 키우면 마음이 안정되기 때문입니다. 초록색 식물을 보고 있으면 마음이 편안하고 따뜻해집니다. 그러므로 우리 반 창가에 화분을 두면 좋겠습니다.

 **유의어 알아보기**

키 우 다

뜻 동물, 식물 등을 기르다.
예 나는 강아지 두 마리를 키우고 있다.

'키우다'는 실력이나 수준이 높아질 때도 사용해. '영어 실력을 키우다, 꿈을 키우다, 인내력을 키우다, 판단력을 키우다'처럼 말이야.

보 살 피 다

뜻 정성을 다해 보고 살피다.
예 어머니께서는 몸이 아픈 형을 몇 년째 보살폈다.

'보살피다'는 '기르다, 키우다'에 비해서 '보호'한다는 뜻이 더 담겨 있어. 그래서 환자나 노약자, 어린이들을 도울 때 주로 사용하지.

유의어 사용하기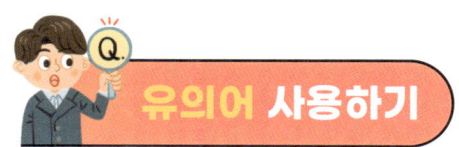

1 초성 힌트를 보고, 문장에 어울리는 단어를 써넣어 보세요.

① 저도 다른 친구들처럼 고양이를 [ㅋㅇㄱ] 싶어요! _____

② 네가 누나니까 어린 동생들을 잘 [ㅂㅅㅍ] 줬으면 해. _____

2 단어에 대해 바르게 말한 친구에게 ○표 하세요.

준영 : '키우다'는 개, 고양이 같은 동물을 기를 때만 사용해. ( )

현우 : '보살피다'는 어려운 처지의 사람을 보호한다는 뜻이 있어. ( )

유의어 글쓰기

tip - 너는 반려동물을 키우는 것에 찬성하니, 반대하니?

생각 꺼내기 '반려동물을 키우는 것'에 대한 나의 의견과 이유를 떠올려 써 보세요.

① 나의 의견은 무엇인가요?   반려동물을 키우는 것에 _____

② 왜 그렇게 생각하나요?   왜냐하면 _____

③ 예를 들어 볼까요?   예를 들어 _____

④ 정리해 써 볼까요?   그러므로 _____

짧은 글쓰기 '기르다'의 유의어인 '키우다'를 넣어 의견을 제시하는 글을 써 보세요.

_____
_____
_____
_____

3장 ★ 이유를 들어 의견을 제시하는 글

정답 및 예시 답안

1장 겪은 일을 표현하는 글

2장 주변 소재에 대해 소개하는 글

3장 이유를 들어 의견을 제시하는 글

01

유의어 사용하기

① 밑줄 친 단어와 비슷한 의미의 단어를 넣어 문장을 다시 써 보세요.

"너는 하나밖에 없는 <u>소중한</u> 딸이야."

➡ 너는 하나밖에 없는 귀한(금쪽같은) 딸이야.

② 다음 문장을 읽고 빈칸에 가장 어울리는 단어를 <보기>에서 찾아 쓰세요.

<보기> 귀한 흔한 부족한

"오늘은 귀한 손님이 오시는 특별한 날이니 준비를 단단히 하거라!"

유의어 글쓰기   tip – 귀하게 여겼던 대상은 어떤 물건, 사람, 일이 될 수 있어.

생각 꺼내기 무언가를 '귀하게' 여겼던 경험을 떠올려 써 보세요.

① 언제인가요? 지난주 일요일
② 무엇을 귀하게 여겼나요? 생일 선물로 받은 운동화
③ 왜 귀하게 여겼나요? 평소에 가지고 싶었던 운동화여서
④ 어떻게 행동했나요? 잠잘 때 껴안고 잤다.

짧은 글쓰기 '소중하다'의 유의어인 '귀하다'를 넣어 내가 겪은 일을 써 보세요.

지난주 일요일은 내 생일이었다. 부모님께서는 생일 선물로 내가 평소에 사 달라고 했던 운동화를 사 주셨다. 나는 기분이 너무 좋아서 잠잘 때 새 운동화를 껴안고 잤다. 나는 앞으로 이 운동화를 귀하게 여기면서 아껴 신을 것이다.

02

유의어 사용하기

① 다음 문장에서 바르지 않게 사용된 단어를 알맞은 단어로 고치세요.

운율에 맞춰 동시를 <u>낭비하다</u> 보니 목이 너무 아파.

➡ 운율에 맞춰 동시를 낭송하다 보니 목이 너무 아파.
(낭독하다, 외우다)

② 다음 중 단어의 뜻을 알맞게 풀이한 것에 O표 하세요.

① 낭독하다 : 글을 소리 내지 않고 마음속으로 읽다. ( )
② 외우다 : 글을 기억해서 말하다. (O)

유의어 글쓰기

생각 꺼내기 동시를 낭독해 본 경험을 떠올려 써 보세요.

① 언제, 어디서 동시를 낭독했나요? 2학년 때, 우리 반 교실에서
② 낭독한 동시의 제목은 무엇인가요? 뻥튀기
③ 이 동시는 무엇에 관한 시인가요? 뻥튀기 소리
④ 낭독할 때의 기분은 어땠나요? 처음에는 떨렸지만 점점 편안해졌다.

짧은 글쓰기 '낭송하다'의 유의어인 '낭독하다'를 넣어 내가 겪은 일을 써 보세요.

나는 2학년 때 우리 반 교실에서 동시를 낭독해 봤다. 내가 낭독한 동시는 「뻥튀기」다. 이 동시는 뻥뻥뻥 뻥튀기 소리가 재미있다. 처음에는 무척 떨려서 얼굴까지 빨개졌다. 그런데 계속해서 낭독하다 보니 마음이 점점 편안해졌다.

03

유의어 사용하기

① <보기> 속 단어를 넣어 짧은 글을 완성해 보세요.

<보기> 삼키다가 마시면서

오늘 아침에 고구마를 먹었다. 그런데 고구마를 삼키다가 너무 퍽퍽해서 체할 뻔했다. 다음에 고구마를 먹을 때는 물이나 우유를 마시면서 먹어야겠다.

② 다음 밑줄 친 부분과 바꿔 쓸 수 없는 단어를 고르세요.

"은주는 물을 <u>삼켰다</u>."

① 먹었다 ② 마셨다 ③ 멈췄다 ④ 들이마셨다

유의어 글쓰기

생각 꺼내기 맛있는 음식을 꿀꺽 삼켰던 경험을 떠올려 써 보세요.

① 어떤 음식을 좋아하나요? 치킨, 피자, 아이스크림, 사탕, 케이크
② 꿀꺽 삼키고 싶은 음식은 무엇인가요? 아이스크림, 케이크
③ 이 음식을 언제 먹었나요? 지난 주말 내 생일
④ 어떤 생각을 했나요? 이렇게 꿀꺽 삼키면 10개도 먹을 수 있을 것 같다.

짧은 글쓰기 '먹다'의 유의어인 '삼키다'를 넣어 내가 겪은 일을 써 보세요.

나는 평소에 치킨, 피자, 아이스크림, 사탕, 케이크를 좋아한다. 지난 주말 내 생일에 아이스크림과 케이크를 먹었다. 두 음식은 꿀꺽 삼키면 더 맛있다. 이렇게 꿀꺽 삼키면 10개도 먹을 수 있을 것 같다.

04

유의어 사용하기

① 다음 중 '꾸미다'와 어울리는 상황에 O표 하세요.

① 아이 : 우와, 엄마! 오늘 왜 이렇게 멋진 옷을 입으셨어요? (O)
② 엄마 : 오늘은 정말 날씨가 맑구나. ( )

② 다음 중 단어의 뜻을 잘못 설명한 문장에 X표 하세요.

① 꾸미다 : 멋있게 보이도록 잘 손질하다. ( )
② 짓다 : 때려 부수거나 무너뜨리다. (X)

유의어 글쓰기

생각 꺼내기 무언가를 꾸며 본 경험을 떠올려 써 보세요.

① 언제, 무엇을 꾸몄나요? 지난 주말, 내 방
② 왜 꾸몄나요? 다른 느낌으로 만들고 싶어서
③ 어떻게 꾸몄나요? 책상을 정리하고 침대 커버도 밝은 색깔로 바꿨다.
④ 그때 기분은 어땠나요? 새집으로 이사를 온 것 같았다.

짧은 글쓰기 '만들다'의 유의어인 '꾸미다'를 넣어 내가 겪은 일을 써 보세요.

나는 지난 주말에 내 방을 꾸며 보았다. 여름이 되니 내 방을 다른 느낌으로 만들고 싶었기 때문이다. 그래서 책상 정리도 다시 하고, 침대 커버도 밝은 색깔로 바꿨다. 마치 새집으로 이사를 온 것 같은 느낌이 들었다.

05

유의어 사용하기

1) 빈칸에 알맞은 단어를 넣어 유의어의 뜻을 완성해 보세요.
   ① 달갑다 : 불만이 없고 (만족)스럽다.
   ② 흐뭇하다 : 마음이 (흡족)하다.

2) 다음 문장의 빈칸에 공통으로 들어갈 단어를 골라 O표 하세요.
   선생님께서 살짝 웃으시며 우리 반 친구들을 (　　)하게 바라보셨다.
   네가 맛있게 먹는 걸 보면 엄마는 (　　)하단다.

   보기) 최고　기쁨　**흐뭇**　미안

유의어 글쓰기

생각 꺼내기 흐뭇한 기분을 느꼈던 경험을 떠올려 써 보세요.

1) 언제 느꼈나요? — 수학 시험에서 만점을 받았을 때
2) 흐뭇했던 이유는 무엇인가요? — 열심히 노력한 것을 보상받은 기분이어서
3) 어떤 생각을 했나요? — 포기하지 않고 열심히 하길 잘했다.
4) 다시 이 기분을 느끼려면 어떻게 해야 할까요? — 또다시 열심히 노력할 것이다.

맑은 글쓰기 '기쁘다'의 유의어인 '흐뭇하다'를 넣어 내가 겪은 일을 써 보세요.

나는 수학 시험에서 만점을 받았을 때 흐뭇한 기분을 느꼈다. 그동안 열심히 노력한 것을 보상받은 기분이 들었기 때문이다. 공부할 때는 정말 힘들었는데, 포기하지 않아서 다행이라는 생각이 들었다. 이 기분을 다시 느끼기 위해 또 열심히 노력할 것이다.

06

유의어 사용하기

1) 초성 힌트를 보고, 문장에 어울리는 단어를 써넣어 보세요.
   ① 우리 부모님만큼 나를 [ㅇㄲ]주시는 분은 없지.　　아껴
   ② 나와 아버지께서는 낚시를 [ㅈㄱ]신다.　　즐기

2) 단어에 대해 바르게 말한 친구에게 O표 하세요.
   도연 : '아끼다'는 돈, 시간이 아닌 물건을 아낄 때 사용해.　(　)
   한수 : '즐기다'는 '가까이하다, 좋아하다'와 비슷한 뜻이야.　(O)

유의어 글쓰기

생각 꺼내기 어떤 물건을 아꼈던 경험을 떠올려 써 보세요.

1) 어떤 물건인가요? — 신발
2) 어떻게 생겼나요? — 하얀색이고 중간중간 빨간색이 섞였다. 굽이 높다.
3) 그 물건을 아끼게 된 이유는 무엇인가요? — 열한 번째 생일 선물로 받아서
4) 어떻게 아꼈나요? — 특별한 날에만 신고 평소에는 신발장에 넣어 두었다.

맑은 글쓰기 '좋아하다'의 유의어인 '아끼다'를 넣어 내가 겪은 일을 써 보세요.

내가 아꼈던 물건은 신발이다. 이 신발은 하얀색이고 중간중간 빨간색이 섞여 있다. 또 신발의 굽이 조금 높다. 이 신발은 열한 번째 생일 선물로 받은 것이다. 너무 소중해서 특별한 날에만 신고 평소에는 신발장에 넣어 두고 있다.

07

유의어 사용하기

1) '위로하다'와 비슷한 단어를 모두 골라 O표 하세요.

   보기) **달래다**　메우하다　**위안하다**　비난하다　주장하다

2) 괄호 속 단어를 활용하여 문장을 바꾸어 써 보세요.
   ① 어젯밤 울고 있는 동생을 위로해 주었다.
   ➔ (달래다) 어젯밤 울고 있는 동생을 달래 주었다.
   ② 미진이는 친구의 슬픔을 위로하기 위해 어깨를 토닥였다.
   ➔ (위안하다) 미진이는 친구의 슬픔을 위안하기 위해 어깨를 토닥였다.

유의어 글쓰기

생각 꺼내기 누군가를 달래 준 경험을 떠올려 써 보세요.

1) 누구를 달래 주었나요? — 사촌 동생
2) 왜 달래 주었나요? — 내 스마트폰을 도로 가져왔는데 동생이 울어서
3) 어떻게 달래 주었나요? — 내가 아끼던 장난감을 주었다.
4) 다음에는 어떻게 달랠 것인가요? — 맛있는 간식을 줄 것이다.

맑은 글쓰기 '위로하다'의 유의어인 '달래다'를 넣어 내가 겪은 일을 써 보세요.

나는 어제 사촌 동생을 달래 주었다. 동생이 내 스마트폰을 보고 있어서 도로 가져왔더니 동생이 바로 울었다. 나는 동생을 달래기 위해 내가 아끼던 장난감을 동생에게 주었다. 동생이 다음에 또 울면 맛있는 간식으로 달래 볼 것이다.

08

유의어 사용하기

1) 밑줄 친 단어와 비슷한 의미의 단어를 넣어 문장을 다시 써 보세요.
   "이 비밀의 문은 지하실로 <u>연결되어</u> 있어."
   ➔ 이 비밀의 문은 지하실로 이어져 있어.

2) 다음 문장을 읽고 괄호에 가장 어울리는 단어를 <보기>에서 찾아 쓰세요.

   보기) 어려운　연관된　쉬운　재밌는

   "이 문제는 방금 풀었던 문제와 　연관된　 문제인 것 같아."

유의어 글쓰기

생각 꺼내기 연관된 사람(들)과 함께했던 경험을 떠올려 써 보세요.

1) 나와 연관된 사람은 누구인가요? — 나의 가족
2) 왜 그 사람과 연관되었다고 생각하나요? — 같은 집에서 함께 살기 때문에
3) 그 사람과 무엇을 했나요? — 한 달에 한 번 식탁에 모여 여행 계획을 짠다.
4) 그때 기분은 어땠나요? — 기대되고 즐겁다

맑은 글쓰기 '연결되다'의 유의어인 '연관되다'를 넣어 내가 겪은 일을 써 보세요.

나와 연관된 사람은 나의 가족이다. 왜냐하면 가족은 같은 집에서 함께 살기 때문이다. 우리는 여행을 자주 간다. 그래서 한 달에 한 번 식탁에 모여 함께 여행 계획을 짠다. 그때마다 나는 너무 기대되고 즐겁다.

09

유의어 사용하기

① 다음 문장에서 바르지 않게 사용된 단어를 알맞은 단어로 고치세요.

나는 나를 직접 축하해 주러 온 선우의 마음에 감미했다.

➡ 나는 나를 직접 축하해 주러 온 선우의 마음에 감사했다.
(고마워했다, 감격했다)

② 다음 중 단어의 뜻이 알맞게 풀이된 것에 O표 하세요.
① 고마워하다 : 미워하는 마음을 가지다. ( )
② 감격하다 : 고마움을 느껴 감동하다. (O)

유의어 글쓰기

💡 생각 꺼내기 친구나 가족이 나에게 고마워했던 경험을 떠올려 써 보세요.

① 누가 나에게 고마워했나요? 은주
② 어떤 일 때문에 고마워했나요? 수학 문제 푸는 것을 도와줘서
③ 나에게 어떻게 고마움을 표현했나요? 은주가 사탕을 줬다.
④ 그때 나는 어떤 생각을 했나요? 뿌듯해서 다음에 또 도와주고 싶었다.

✏️ 짧은 글쓰기 '감사하다'의 유의어인 '고마워하다'를 넣어 내가 겪은 일을 써 보세요.

은주는 나에게 무척 고마워했다. 은주가 풀지 못하는 수학 문제를 내가 설명해 주었기 때문이다. 은주는 나에게 고맙다며 사탕을 하나 줬다. 뿌듯했다. 다음에 은주가 도움이 필요할 때 또 도와줘야겠다.

10

유의어 사용하기

① 빈칸에 알맞은 단어를 넣어 유의어의 뜻을 완성해 보세요.
① 성나다 : 매우 (불쾌하여) 화가 나다.
② 욱하다 : 갑작스럽게 불쑥 마음이 (격해지다).

② 다음 문장의 빈칸에 공통으로 들어갈 단어를 골라 O표 하세요.

낯선 사람을 보고 ( ) 개가 무섭게 짖었다.
화가 잔뜩 난 아버지는 ( ) 목소리로 말씀하셨다.

보기 미운 좋은 **성난** 기쁜

유의어 글쓰기

💡 생각 꺼내기 내가 욱했던 경험을 떠올려 써 보세요.

① 누구와 관련된 일인가요? 내 친구 대영이
② 왜 화가 났나요? 대영이가 나에게 너무 심한 장난을 쳐서
③ 그때 어떻게 행동했나요? 나도 모르게 소리를 질렀다.
④ 그때 어떤 생각을 했나요? 다음에는 소리를 지르지 말아야겠다고 생각했다.

✏️ 짧은 글쓰기 '화나다'의 유의어인 '욱하다'를 넣어 내가 겪은 일을 써 보세요.

나는 내 친구 대영이 때문에 욱했다. 대영이가 나에게 너무 심한 장난을 쳤기 때문이다. 나는 나도 모르게 소리를 질러 버렸다. 소리를 지르고 나니 대영이에게 미안한 마음이 들었다. 다음에는 화가 나더라도 크게 소리를 지르지 말아야겠다.

11

유의어 사용하기

① 다음 중 '야단치다'와 어울리는 상황에 O표 하세요.
① 아빠 : 너! 방이 이게 뭐야, 언제 정리할 거야! (O)
② 엄마 : 우리 딸은 역시 대단해. 너무 잘했어. ( )

② 다음 중 단어의 뜻을 잘못 설명한 문장에 X표 하세요.
① 야단치다 : 다른 사람을 소리 높여 나무라다. ( )
② 꾸짖다 : 윗사람이 아랫사람을 칭찬하다. (X)

유의어 글쓰기

💡 생각 꺼내기 누군가가 야단치는 것을 본 경험을 떠올려 써 보세요.

① 누가 누구에게 야단쳤나요? 엄마께서 동생에게
② 왜 야단쳤나요? 동생이 컴퓨터 게임을 계속 했기 때문에
③ 그때 나는 어떻게 행동했나요? 동생이 게임을 조금만 하도록 지켜보겠다고 했다.
④ 그때 나는 어떤 생각을 했나요? 나도 야단맞지 않도록 게임을 조금만 해야겠다.

✏️ 짧은 글쓰기 '혼내다'의 유의어인 '야단치다'를 넣어 내가 겪은 일을 써 보세요.

어제저녁에 엄마께서 동생을 야단치셨다. 동생이 컴퓨터 게임을 계속 했기 때문이다. 나는 동생을 도와주기 위해 엄마께 이렇게 말했다. "엄마, 앞으로는 제가 동생이 게임을 조금만 하도록 지켜볼게요." 엄마는 나에게 부탁한다고 말씀하셨다. 나도 앞으로 야단맞지 않게 컴퓨터 게임을 조금만 해야겠다.

12

유의어 사용하기

① <보기> 속 단어를 넣어 짧은 글을 완성해 보세요.

보기 넉넉한 무수히

채원이는 마음이 넉넉한 친구다. 3년 동안 채원이랑 친하게 지내면서도 무수히 싸웠는데, 채원이가 늘 먼저 사과했다. 앞으로 싸우게 된다면 내가 먼저 사과할 것이다.

② 다음 밑줄 친 부분과 바꿔 쓸 수 없는 단어를 고르세요.

"밤하늘 좀 봐! 무수히 많은 별이 있어."

① 수없이 ② 셀 수 없이 ③ 헤아릴 수 없이 ④ **셀 수 있을 만큼**

유의어 글쓰기

💡 생각 꺼내기 무수한 것을 본 경험을 떠올려 써 보세요.

① 무엇을 보았나요? 머리카락
② 그것은 어떤 특징이 있나요? 잘라도 계속 자란다.
③ 그것의 다른 특징은 무엇인가요? 어렸을 때 무수히 많다가도 어른이 되면 없어질 수 있다.
④ 그것을 보면 어떤 생각이 드나요? 머리카락은 소중하다.

✏️ 짧은 글쓰기 '많다'의 유의어인 '무수하다'를 넣어 내가 겪은 일을 써 보세요.

나는 머리카락을 보며 두 가지 생각을 했다. 한 가지는 머리카락은 자르더라도 계속 자라기 때문에 무수히 많아 보인다는 것이다. 또 다른 생각은 이렇게 무수한 머리카락도 어른이 되면 없어질 수 있다는 것이다. 머리카락은 참 소중하다.

13

유의어 사용하기

1. 초성 힌트를 보고, 문장에 어울리는 단어를 써넣어 보세요.
   ① 우리 둘이 [ㅁㄴ]서 이야기를 해 보자. 　　만나
   ② 나와 미소는 1년 만에 학원에서 [ㅂㄷ]쳤다. 　　부딪

2. 단어에 대해 바르게 말한 친구에게 ○표 하세요.
   동연: '만나다'는 누군가가 오거나 가서 두 사람이 마주 볼 때 사용해. (○)
   정이: '부딪치다'는 무언가를 떨어지지 않게 붙일 때 사용하는 말이야. (　)

유의어 글쓰기

생각 꺼내기 — 누군가를 우연히 만난 경험을 떠올려 써 보세요.

1. 누구를 만났나요? 　은서
2. 어디서 만났나요? 　어린이 도서관
3. 그때 기분은 어땠나요? 　학교가 아닌 곳에서 보니 더 반갑다.
4. 그 사람과 어떤 말을 했나요? 　월요일에 학교에서 만나자.

짧은 글쓰기 — '마주치다'의 유의어인 '만나다'를 넣어 내가 겪은 일을 써 보세요.

나는 지난 주말에 은서를 우연히 만났다. 은서를 만난 곳은 어린이 도서관이었다. 학교에서만 보던 은서를 도서관에서 보게 되니 더 반가웠다. 나는 은서에게 "그럼 월요일에 학교에서 다시 만나자."라고 말했다.

14

유의어 사용하기

*'엎드리다'는 상체를 바닥에 닿을 만큼 깊게 굽힐 때 사용할 수 있어. '서연이는 너무 졸려서 책상 위에 엎드렸다'처럼 말이야.

1. '구부리다'와 비슷한 단어를 모두 골라 ○표 하세요.
   (숙이다)　일어서다　(굽히다)　(엎드리다)　잡다

2. 괄호 속 단어를 활용하여 문장을 바꾸어 써 보세요.
   ① 먼저 허리를 구부리면서 바닥에 손을 대 보세요.
   ➡ (숙이다) 먼저 허리를 숙이면서 바닥에 손을 대 보세요.
   ② 다리를 구부려 앉는 게 힘들면 서 있어도 좋습니다.
   ➡ (굽히다) 다리를 굽혀 앉는 게 힘들면 서 있어도 좋습니다.

유의어 글쓰기

생각 꺼내기 — 누군가에게 고개를 숙이며 인사했던 경험을 떠올려 써 보세요.

1. 언제, 누구에게 인사했나요? 　오늘 아침, 선생님께
2. 인사를 받은 사람은 어떤 말을 했나요? 　우리 성욱이가 오늘도 인사를 잘하는구나.
3. 그때 기분은 어땠나요? 　선생님의 칭찬을 들으니 기분이 좋았다.
4. 어떤 생각을 했나요? 　내일 아침에도 고개를 숙여 인사해야겠다.

짧은 글쓰기 — '구부리다'의 유의어인 '숙이다'를 넣어 내가 겪은 일을 써 보세요.

나는 오늘 아침 선생님께 고개를 숙여 인사했다. 나의 인사를 받은 선생님께서는 "우리 성욱이가 오늘도 인사를 잘하는구나."라고 말씀하셨다. 아침부터 선생님의 칭찬을 들으니 기분이 좋았다. 내일 아침에도 고개를 숙여 인사해야겠다.

15

유의어 사용하기

1. 밑줄 친 단어와 비슷한 의미의 단어를 넣어 문장을 다시 써 보세요.
   "제가 실수한 것 같아 너무 미안한 마음이 드네요."
   ➡ 제가 실수한 것 같아 너무 죄송한(부끄러운) 마음이 드네요.

2. 다음 문장을 읽고 괄호에 가장 어울리는 단어를 <보기>에서 찾아 쓰세요.
   <보기> 죄송한　훌륭한　부족한
   "　죄송한　말씀이지만, 제가 조금 늦을 것 같아요."

유의어 글쓰기

생각 꺼내기 — 죄송하다고 말했던 경험을 떠올려 써 보세요.

1. 언제, 누구에게 말했나요? 　어제저녁, 엄마께
2. 죄송하다고 말한 이유는 무엇인가요? 　놀이터에서 놀다가 늦게 돌아와서
3. 그 말을 들은 사람은 어떤 이야기를 했나요? 　연락이 없어 걱정을 했다고 말씀하셨다.
4. 앞으로 어떻게 행동할 것인가요? 　놀다가 시간이 늦어질 것 같으면 미리 전화할 것이다.

짧은 글쓰기 — '미안하다'의 유의어인 '죄송하다'를 넣어 내가 겪은 일을 써 보세요.

나는 어제 친구들과 놀이터에서 늦게까지 놀았다. 그래서 집에 들어와서 엄마께 죄송하다고 말했다. 엄마께서는 내가 연락도 없이 집에 오지 않아 걱정이 되었다고 하셨다. 앞으로는 놀다가 늦어질 것 같으면 엄마께 미리 전화해야겠다.

16

유의어 사용하기

1. 다음 문장에서 바르지 않게 사용된 단어를 알맞은 단어로 고치세요.
   네가 자꾸 예쁜 말을 하니까 화가 나.
   ➡ 네가 자꾸 　어이없는　 말을 하니까 화가 나.
   　　　　(엉뚱한, 터무니없는)

2. 다음 중 단어의 뜻이 알맞게 풀이된 것에 ○표 하세요.
   ① 엉뚱하다 : 사람들이 생각하는 것과 똑같다. (　)
   ② 터무니없다 : 전혀 근거가 없다. (○)

유의어 글쓰기

생각 꺼내기 — 엉뚱한 이야기를 들었던 경험을 떠올려 써 보세요.

1. 엉뚱한 이야기란 무엇인가요? 　현실에서 일어나지 않는 이야기
2. 어떤 이야기였나요? 　선생님께서 일주일 동안 학교에 나오시지 않는다는 이야기
3. 누구에게 들었나요? 　호준이
4. 왜 엉뚱하다고 생각했나요? 　선생님께서는 항상 학교에 나오시기 때문에

짧은 글쓰기 — '어이없다'의 유의어인 '엉뚱하다'를 넣어 내가 겪은 일을 써 보세요.

나는 호준이에게 엉뚱한 이야기를 들었다. 선생님께서 일주일 동안 학교에 못 나오신다는 이야기였다. 선생님께서는 항상 학교에 나오시기 때문에 나는 호준이가 엉뚱한 거짓말을 한다고 생각했다. 그런데 실제로 선생님께서는 일주일 동안 신혼여행을 가셔서 학교에 못 나오셨다.

17

유의어 사용하기

① <보기> 속 단어를 넣어 짧은 글을 완성해 보세요.

> 보기   언짢게   괴로운

도대체 청소는 언제 할 것이냐는 엄마의 잔소리가 **언짢게** 느껴졌다. 바로 오늘 청소할 생각이었는데 말이다. 엄마한테 잔소리를 들을 때마다 **괴로운** 마음이 든다.

② 다음 밑줄 친 부분과 바꿔 쓸 수 없는 단어를 고르세요.

"새로 산 자전거에 흠이 나서 속상한 마음이 들어."

① 언짢은   ② 즐거운   ③ 괴로운   ④ 불편한

유의어 글쓰기

생각 꺼내기 마음이 괴로웠던 경험을 떠올려 써 보세요.

① 무엇이 나를 괴롭게 했나요? **아빠의 코 고는 소리**
② 왜 괴로웠나요? **내가 잠귀가 밝기 때문에**
③ 그때 어떤 생각을 했나요? **아빠의 코골이를 없애는 방법은 무엇일까**
④ 괴로움에서 벗어나기 위해 무엇을 했나요? **용돈으로 코골이 패치를 사서 아빠께 드리기**

짧은 글쓰기 '속상하다'의 유의어인 '괴롭다'를 넣어 내가 겪은 일을 써 보세요.

나는 밤마다 괴로웠다. 아빠의 코 고는 소리가 너무 크기 때문이다. 나는 잠귀가 밝은 편이라 잠을 거의 자지 못했다. 나는 아빠의 코골이를 없애는 방법을 고민했다. 결국 나는 용돈을 모아 아빠께 드릴 코골이 패치를 샀다.

18

유의어 사용하기

① 초성 힌트를 보고 문장에 어울리는 단어를 써넣어 보세요.

① 자, [ㅅㅊㄱ]하지 말고 순서대로 줄을 서 주세요. **새치기**
② 앞자리에서 공연을 보려면 사람들 사이를 [ㅍㄱ]들어 가야 해. **파고**

② 단어에 대해 바르게 말한 친구에게 ○표 하세요.

선영 : '새치기하다'는 순서를 어기고 중간에 끼어들 때 사용해. (○)
은호 : '파고들다'는 바닥에서 위로 뛸 때 사용해. (   )

유의어 글쓰기

생각 꺼내기 누군가가 새치기하는 걸 본 경험을 떠올려 써 보세요.

① 언제, 누가 새치기하는 걸 봤나요? **점심시간, 지원이**
② 왜 새치기했을까요? **점심을 빨리 먹으려고**
③ 그 모습을 보았을 때 어떤 생각을 했나요? **점심을 빨리 먹고 싶어도 순서를 지켜야 한다.**
④ 그래서 나는 어떻게 행동했나요? **지원이에게 순서대로 줄을 서 달라고 말했다.**

짧은 글쓰기 '끼어들다'의 유의어인 '새치기하다'를 넣어 내가 겪은 일을 써 보세요.

나는 점심시간에 지원이가 새치기하는 것을 봤다. 지원이가 새치기한 이유는 점심을 빨리 먹고 싶었기 때문이다. 하지만 점심을 빨리 먹고 싶어도 순서를 지켜야 하는 것이 규칙이다. 그래서 나는 지원이에게 순서대로 줄을 서 달라고 말했다.

19

유의어 사용하기

① 빈칸에 알맞은 단어를 넣어 유의어의 뜻을 완성해 보세요.

① 확실하다 : (**틀림없이**) 그렇다.
② 분명하다 : 어떤 사실이 (**확실**) 하다.

② 다음 문장의 빈칸에 공통으로 들어갈 단어를 골라 ○표 하세요.

민혁이가 학급 임원이 되는 건 (   ) 한 일이다.
주장하는 글을 쓸 때는 (   ) 한 근거가 필요합니다.

> 보기   고민   **분명**   미안   칭찬

유의어 글쓰기

생각 꺼내기 확실하게 성공할 것 같았지만, 실패하게 된 경험을 떠올려 써 보세요.

① 어떤 일인가요? **수학 단원 평가를 다 맞히지 못한 일**
② 왜 확실하다고 생각했나요? **검토했는데 다 맞은 것 같아서**
③ 생각대로 성공하지 못하고 실패한 원인은 무엇인가요? **계산 실수를 했기 때문에**
④ 그때 어떤 생각을 했나요? **앞으로는 겸손해야겠다.**

짧은 글쓰기 '뻔하다'의 유의어인 '확실하다'를 넣어 내가 겪은 일을 써 보세요.

어제 수학 단원 평가를 봤다. 문제를 다 풀었을 때 확실하게 100점을 맞을 것 같다고 생각했다. 검토도 했기 때문이다. 그런데 시험지를 채점해 보니 생각하지 못한 계산 실수가 있었다. 사람은 언제나 겸손해야 한다는 것을 배웠다.

20

유의어 사용하기

① 다음 중 '타이르다'와 어울리는 상황에 ○표 하세요.

① 아빠 : 우와! 우리 딸이 시험에서 100점을 맞았네! (   )
② 선생님 : 위험한 곳에서 뛰어내리면 안 된단다. (○)

② 다음 중 단어의 뜻을 잘못 설명한 문장에 X표 하세요.

① 회유하다 : 상대방을 달래어 내 생각대로 행동하지 않게 하다. (X)
② 타이르다 : 상대방이 잘 깨달을 수 있도록 설명하다. (   )

유의어 글쓰기

생각 꺼내기 누군가를 회유해 본 경험을 떠올려 써 보세요.

① 언제 회유했나요? **지난주 미술 시간**
② 누구를 회유했나요? **성원이**
③ 왜 회유했나요? **내가 쓰고 싶은 색연필을 성원이가 가지고 있었기 때문에**
④ 어떻게 회유했나요? **성원이가 좋아하는 간식을 주기로 했다.**

짧은 글쓰기 '설득하다'의 유의어인 '회유하다'를 넣어 내가 겪은 일을 써 보세요.

지난주 미술 시간에 성원이를 회유했다. 내가 쓰고 싶은 색연필을 성원이가 가지고 있었기 때문이다. 나는 어떻게 하면 성원이의 색연필을 쓸 수 있을지 고민했다. 성원이가 좋아하는 간식을 주고 성공적으로 색연필을 빌렸다.

21

유의어 사용하기

1) 빈칸에 알맞은 단어를 넣어 유의어의 뜻을 완성해 보세요.
   ① 소개하다 : 잘 알지 못하는 내용을 (알려 주다).
   ② 논하다 : 자신의 의견을 (앞뒤가 맞게) 말하다.

2) 다음 문장의 빈칸에 공통으로 들어갈 단어를 골라 ○표 하세요.
   내가 새로 알게 된 친구가 있는데, 이 친구를 (   ) 해 줄까?
   지난주에 진혁이가 (   ) 해 준 분식집에 같이 갈래?

   보기   소개   설득   충고   자랑

유의어 글쓰기

생각 꺼내기) 소개하고 싶은 우리 반의 규칙을 떠올려 써 보세요.

1) 첫 번째 규칙은 무엇인가요?   수업 시간에 떠들지 않기
2) 그 규칙은 왜 필요할까요?   다른 친구들을 방해하지 않기 위해서
3) 두 번째 규칙은 무엇인가요?   정리 정돈 잘하기
4) 그 규칙은 왜 필요할까요?   깨끗한 생활 습관을 만들기 위해서

짧은 글쓰기) '설명하다'의 유의어인 '소개하다'를 넣어 우리 반의 규칙을 소개해 보세요.

제가 소개할 우리 반의 첫 번째 규칙은 수업 시간에 떠들지 않는 것입니다. 이 규칙은 다른 친구들을 방해하지 않기 위해 필요합니다. 두 번째 규칙은 정리 정돈을 잘하는 것입니다. 이 규칙은 깨끗한 생활 습관을 만들기 위해 필요합니다.

22

유의어 사용하기

1) 초성 힌트를 보고, 문장에 어울리는 단어를 써넣어 보세요.
   ① 내가 준 편지를 평생 [ㄱㅈ]할게!   간직
   ② 은영이는 영어 단어를 잘 [ㅇㄱ]하는구나!   암기

2) 단어에 대해 바르게 말한 친구에게 ○표 하세요.
   지수 : '암기하다'는 수학 공식이나 전화번호를 외울 때 주로 사용해. (○)
   도영 : '간직하다'는 무언가를 잃어버렸을 때 주로 사용해. (   )

유의어 글쓰기

생각 꺼내기) 마음속에 간직하고 있는 말을 떠올려 써 보세요.

1) 어떤 말인가요?   고생 끝에 낙이 온다.
2) 누가, 언제 말했나요?   선생님께서 국어 시간에
3) 그 말을 들었을 때 어떤 생각을 했나요?   진짜 고생 끝에 낙이 올까?
4) 그 말을 간직하게 된 이유는 무엇인가요?   피아노를 열심히 연습했더니 대회에서 상을 받게 되었다.

짧은 글쓰기) '기억하다'의 유의어인 '간직하다'를 넣어 마음속에 간직하고 있는 말을 소개해 보세요.

마음속에 간직하고 있는 말은 '고생 끝에 낙이 온다.'라는 속담입니다. 이 속담은 국어 시간에 선생님께서 해 주신 말입니다. 처음에는 진짜 고생 끝에 낙이 올 수 있을까 하는 의심을 했습니다. 그런데 속담처럼 피아노를 열심히 연습했더니 대회에서 상을 받게 되었습니다.

23

유의어 사용하기

1) 밑줄 친 단어와 비슷한 의미의 단어를 넣어 문장을 다시 써 보세요.
   "이 문장은 어떤 내용을 포함하고 있을까?"
   → 이 문장은 어떤 내용을 함축하고(내포하고) 있을까?

2) 다음 문장을 읽고 괄호에 가장 어울리는 단어를 <보기>에서 찾아 쓰세요.

   보기   함양   함축   함성

   "이 글의 주제를   함축   하고 있는 부분을 찾아볼까?"

유의어 글쓰기

생각 꺼내기) 내가 들은 말 중 함축된 의미가 있는 말을 떠올려 써 보세요.

1) 어떤 말인가요?   기회는 준비된 사람의 것이다.
2) 어떤 상황에서, 누구에게 들었나요?   좋은 성적을 받았을 때, 아버지께
3) 이 말의 뜻은 무엇인가요?   꾸준히 노력하면 좋은 기회를 잡을 수 있다.
4) 이 말에 대해 어떻게 생각하나요?   평소에 열심히 해야겠다.

짧은 글쓰기) '포함하다'의 유의어인 '함축하다'를 넣어 함축된 의미가 있는 말을 소개해 보세요.

'기회는 준비된 사람의 것이다.'라는 말은 제가 시험에서 좋은 성적을 받았을 때 아버지께 들었습니다. 이 말에는 꾸준히 노력하면 좋은 기회를 잡을 수 있다는 의미가 함축되어 있습니다. 그러므로 무엇이든 평소에 열심히 하는 것이 중요합니다.

24

유의어 사용하기

1) 다음 문장에서 바르지 않게 사용된 단어를 알맞은 단어로 고치세요.
   길을 건네~ 얼마 전에 전학 간 지호를 만났다.
   → 길을   건너다   얼마 전에 전학 간 지호를 만났다.

2) 다음 중 단어의 뜻이 알맞게 풀이된 것에 ○표 하세요.
   ① 움직이다 : 몸의 모양이나 자리를 바꾸다.   (○)
   ② 건너다 : 한쪽에서 다른 한쪽으로 뛰다.   (   )

유의어 글쓰기

생각 꺼내기) 몸을 움직여서 하는 놀이를 떠올려 써 보세요.

1) 놀이의 이름은 무엇인가요?   술래잡기
2) 어떤 놀이인가요?   술래 한 명이 숨어 있는 친구들을 찾는 놀이
3) 이 놀이의 재미있는 점은 무엇인가요?   술래에게 들키지 않도록 숨는 것
4) 이 놀이를 누구와 하고 싶나요?   우리 반 친구들

짧은 글쓰기) '이동하다'의 유의어인 '움직이다'를 넣어 몸을 움직여서 하는 놀이를 소개해 보세요.

몸을 움직여서 하는 놀이 중 하나는 술래잡기입니다. 술래잡기는 술래 한 명이 숨어 있는 친구들을 찾는 놀이입니다. 특히 술래에게 들키지 않도록 숨는 게 재미있습니다. 저는 이 놀이를 우리 반 친구들과 체육 시간에 해 보고 싶습니다.

25

유의어 사용하기

① <보기> 속 단어를 넣어 짧은 글을 완성해 보세요.

> 보기   헤아릴   가늠해

비밀의 방 안이 너무 컴컴해서 한 치 앞도 **헤아릴** 수가 없었다. 대충 이쪽으로 걸어가면 문이 나올 것이라고 **가늠해** 볼 뿐이었다. 그렇게 우리는 한 걸음씩 조심스럽게 앞으로 나아갔다.

② 다음 밑줄 친 부분과 바꿔 쓸 수 없는 단어를 고르세요.

"어떤 팀이 이길지 <u>가늠하는</u> 게 너무 어려워."

① 헤아리는   ② 짐작하는   ③ **좋아하는**   ④ 생각하는

유의어 글쓰기

💡 **생각 꺼내기** 친구의 마음을 헤아리는 방법을 떠올려 써 보세요.

① 친구의 마음을 헤아리려면 어떻게 들어야 할까요? **집중해서 듣기**

② 친구의 마음을 헤아리려면 무엇을 관찰해야 할까요? **표정, 말투, 기분**

③ 친구의 마음을 헤아리려면 무엇을 공감해야 할까요? **친구의 기쁨과 슬픔**

④ 친구의 마음을 헤아리려면 어떻게 말해야 할까요? **친구의 경험과 비슷한 나의 경험을 말하기**

✏️ **짧은 글쓰기** '짐작하다'의 유의어인 '헤아리다'를 넣어 친구의 마음을 헤아리는 방법을 소개해 보세요.

친구의 마음을 헤아리는 방법은 네 가지입니다. 첫째, 친구의 말에 집중하고 경청합니다. 둘째, 친구의 표정, 말투, 기분을 관찰합니다. 셋째, 친구의 기쁨, 슬픔에 공감합니다. 넷째, 친구의 경험과 비슷한 나의 이야기를 나눕니다.

26

유의어 사용하기

① 다음 중 '쫓아내다'와 어울리는 상황에 O표 하세요.

① 누나 : 너희들! 자꾸 시끄럽게 떠들 거면 내 방에서 나가 줘!   (**O**)

② 형 : 심심한데 은호한테 전화해 볼까?   (   )

② 다음 중 단어의 뜻을 잘못 설명한 문장에 X표 하세요.

① 물리치다 : 적 등을 안으로 들어오게 하다.   (**X**)

② 쫓아내다 : 어떤 공간에서 나가게 하다.   (   )

유의어 글쓰기

💡 **생각 꺼내기** 주인공이 악당을 물리친 이야기를 떠올려 써 보세요.

① 이야기의 제목은 무엇인가요? **악당을 물리친 사자 왕자님**

② 누가 등장하나요? **사자 왕자, 악당인 하이에나**

③ 어떤 내용인가요? **사자 왕자가 동물들을 괴롭히는 하이에나를 물리친다.**

④ 이야기를 보고 무엇을 느꼈나요? **사자 왕자가 용감하고 멋있다.**

✏️ **짧은 글쓰기** '몰아내다'의 유의어인 '물리치다'를 넣어 주인공이 악당을 물리친 이야기를 소개해 보세요.

『악당을 물리친 사자 왕자님』의 주인공은 사자 왕자와 하이에나입니다. 용감한 사자 왕자가 동물들을 괴롭히는 하이에나를 물리치는 내용입니다. 사자 왕자가 용감하고 멋있어서 친구들에게 이 책을 소개하게 되었습니다.

27

유의어 사용하기

* '특이하다'는 보통의 것과 특별히 다르다는 뜻이야.

① '특별하다'와 비슷한 단어를 모두 골라 O표 하세요.

다르다   고만고만하다   **독특하다**   유사하다   **특이하다**

② 괄호 속 단어를 활용하여 문장을 바꾸어 써 보세요.

① 우리는 쌍둥이지만 생김새와 성격이 조금 다르다.

➡ (상이하다) **우리는 쌍둥이지만 생김새와 성격이 조금 상이하다.**

② 우리 엄마가 만든 떡볶이에서는 남들과 다른 맛이 난다.

➡ (특별하다) **우리 엄마가 만든 떡볶이에서는 특별한 맛이 난다.**

유의어 글쓰기

💡 **생각 꺼내기** 나에게 특별한 사람을 떠올려 써 보세요.

① 누구인가요? **나랑 제일 친한 친구인 민규**

② 이 사람의 특별한 점은 무엇인가요? **어른처럼 의젓하다.**

③ 그렇게 생각하게 된 사건은 무엇인가요? **내가 잘못해도 너그럽게 이해해 준 일**

④ 이 사람을 떠올리면 어떤 생각이 드나요? **배우고 싶은 점이 많다.**

✏️ **짧은 글쓰기** '다르다'의 유의어인 '특별하다'를 넣어 나에게 특별한 사람을 소개해 보세요.

저에게 특별한 사람은 민규입니다. 왜냐하면 민규는 어른처럼 의젓하기 때문입니다. 제가 장난을 쳐도 잘 이해해 주고 잘못을 했을 때도 너그럽게 용서해 줍니다. 저는 민규를 볼 때마다 배우고 싶은 점이 많다는 생각이 듭니다.

28

유의어 사용하기

① 밑줄 친 단어와 비슷한 의미의 단어를 넣어 문장을 다시 써 보세요.

"우리 팀원으로 적당한 친구를 내가 <u>찾을게</u>."

➡ **우리 팀원으로 적당한 친구를 내가 살필게(구할게).**

② 다음 문장을 읽고 괄호에 가장 어울리는 단어를 <보기>에서 찾아 쓰세요.

> 보기   공격하는   잃어버리는   살피는

"색연필을 안 가져와서 색연필이 있는 친구가 있는지 **살피는** 중이야."

유의어 글쓰기

tip - 맛집 주변에 무엇이 있는지 생각해 봐!

💡 **생각 꺼내기** 우리 동네 맛집을 찾아가려면 무엇을 살펴야 하는지 떠올려 써 보세요.

① 맛집의 이름은 무엇인가요? **북경루라는 중국집**

② 무슨 음식이 맛있나요? **자장면과 탕수육**

③ 누구에게 소개하고 싶나요? **우리 반 친구 채원이**

④ 맛집을 찾아가려면 주변의 무엇을 살펴야 하나요? **하늘 공원 입구**

✏️ **짧은 글쓰기** '찾다'의 유의어인 '살피다'를 넣어 맛집 찾아가는 방법을 소개해 보세요.

제가 채원이에게 소개하고 싶은 맛집은 북경루라는 중국집입니다. 북경루는 특히 자장면과 탕수육이 맛있습니다. 이 식당은 조그맣고 간판이 없어서 하늘 공원 입구 주변을 잘 살펴야 합니다. 하늘 공원 입구에서 왼쪽으로 조금만 가면 식당을 쉽게 찾을 수 있습니다.

29

유의어 사용하기

① 다음 문장에서 바르지 않게 사용된 단어를 알맞은 단어로 고치세요.
"이렇게 추울 줄 알았으면 겉옷을 하나만 겹치고 오는 게 아니었는데."
➡ "이렇게 추울 줄 알았으면 겉옷을 하나만 입고 오는 게 아니었는데."
(걸치고)

② 다음 중 단어의 뜻을 알맞게 풀이한 것에 O표 하세요.
① 쓰다 : 모자를 머리 위에 덮다. (O)
② 걸치다 : 겉옷을 몸에서 내려놓다. ( )

유의어 글쓰기

생각 꺼내기 내가 자주 걸치는 겉옷을 떠올려 써 보세요.

① 어떤 옷인가요? 생일 선물로 받은 후드 집업
② 이 옷의 색깔과 무늬는 어떤가요? 검은색과 흰색 줄무늬
③ 이 옷을 자주 걸치는 이유는 무엇인가요? 어떤 바지에든 잘 어울린다.
④ 이 옷을 주로 언제 입나요? 학교나 학원에 갈 때

짧은 글쓰기 '입다'의 유의어인 '걸치다'를 넣어 내가 자주 걸치는 겉옷을 소개해 보세요.

제가 자주 걸치는 겉옷은 지난 생일 선물로 받은 후드 집업입니다. 이 옷은 검은색 바탕에 흰색 줄무늬가 들어 있습니다. 저는 학교나 학원에 갈 때 이 후드 집업을 자주 걸칩니다. 왜냐하면 어떤 바지를 입든 어색하지 않고 잘 어울리기 때문입니다.

30

유의어 사용하기

① <보기> 속 단어를 넣어 짧은 글을 완성해 보세요.
보기: 잡아당겨 끌어당긴

바른 자세로 앉으려면 으자를 바짝 끌어당긴 다음, 허리를 펴고 앉아야 해요. 그다음, 책상을 잡아당겨 배와 책상이 살짝 닿게 앉아 보세요.

② 다음 밑줄 친 부분과 바꿔 쓸 수 없는 단어를 고르세요.
"이쪽으로 네가 의자를 끌고 와 모둠을 만들면 어떨까?"
① 당기고 ② 버리고 ③ 잡아당기고 ④ 끌어등기고

유의어 글쓰기

생각 꺼내기 줄을 잡아당기며 노는 '줄다리기'를 떠올려 써 보세요.

① 어떤 놀이인가요? 양쪽에서 줄을 잡아당기는 놀이
② 어떻게 하면 이기나요? 우리 편 쪽으로 줄을 많이 잡아당겨야 한다.
③ 이기기 위해 필요한 것은 무엇일까요? 같은 팀 사이의 협동심
④ 이 놀이는 주로 언제 하나요? 운동회 때

짧은 글쓰기 '당기다'의 유의어인 '잡아당기다'를 넣어 줄다리기를 소개해 보세요.

줄다리기는 양쪽에서 줄을 잡아당기는 놀이입니다. 이 놀이에서 이기려면 우리 편 쪽으로 줄을 많이 잡아당겨야 합니다. 또 힘을 모아 줄을 당겨야 하기 때문에 협동심이 필요합니다. 그래서 이 놀이는 운동회 때 많이 합니다.

31

유의어 사용하기

① 다음 중 '아깝다'와 어울리는 상황에 O표 하세요
① 나 : 아, 한 문제만 더 맞혔으면 100점인데. (O)
② 엄마 : 엄마가 없는 동안에 방을 깨끗하게 정리해 뒀구나. ( )

② 다음 중 단어의 뜻을 잘못 설명한 문장에 X표 하세요.
① 아쉽다 : 만족스럽지 못하다. ( )
② 아깝다 : 생각했던 대로 되어 기쁘다. (X)

유의어 글쓰기

생각 꺼내기 다른 사람에게 주기 아까운 내 물건을 떠올려 써 보세요.

① 어떤 물건인가요? 블록 장난감
② 다른 사람에게 주기 아까운 이유는 무엇인가요? 어렸을 때 추억이 남아 있어서
③ 이 물건의 특징은 무엇인가요? 여러 개를 붙여 내가 원하는 모양을 만들 수 있다.
④ 이 물건을 언제까지 가지고 있을 건가요? 어른이 될 때까지

짧은 글쓰기 '서운하다'의 유의어인 '아깝다'를 넣어 다른 사람에게 주기 아까운 내 물건을 소개해 보세요.

다른 사람에게 주기 아까운 제 물건은 블록 장난감입니다. 이 물건은 제가 어렸을 때부터 가지고 놀아서 추억이 많습니다. 블록을 여러 개 붙이면 제가 원하는 모양을 만들 수 있습니다. 저는 이 장난감을 어른이 될 때까지 가지고 있을 것입니다.

32

유의어 사용하기

① 빈칸에 알맞은 단어를 넣어 유의어의 뜻을 완성해 보세요.
① 대비하다 : (차이점)을 밝히기 위해 서로 맞대어 보다.
② 견주다 : 질이나 양의 (차이)를 알기 위해 서로 대어 보다.

② 다음 문장의 빈칸에 공통으로 들어갈 단어를 골라 O표 하세요.
누가 역사 상식을 더 많이 아는지 ( ) 볼까?
지난번에 샀던 물건과 ( ) 봤더니 이번 물건이 더 좋은 거 같다.
보기: 고민해 시합해 견주어 밝혀

유의어 글쓰기

생각 꺼내기 서로 다른 반려동물을 견주어 보고, 키우고 싶은 동물을 떠올려 써 보세요.

① 어떤 두 동물을 견주어 보았나요? 강아지 와 고양이
② 두 동물의 차이점은 무엇인가요? 강아지는 애교를 잘 부리고 고양이는 도도하다.
③ 두 동물 중 어떤 동물과 함께 살고 싶나요? 강아지
④ 이유는 무엇인가요? 애교 많은 강아지와 함께 산책하고 싶다.

짧은 글쓰기 '비교하다'의 유의어인 '견주다'를 넣어 나의 반려동물로 적합한 동물을 소개해 보세요.

제가 반려동물을 고르기 위해 견주어 본 동물은 강아지와 고양이입니다. 강아지는 애교를 잘 부리고 고양이는 도도합니다. 저는 애교가 많은 강아지와 함께 산책하며 뛰어놀고 싶습니다. 그래서 제가 반려동물을 키운다면 강아지를 키울 것입니다.

33

유의어 사용하기

① 초성 힌트를 보고, 문장에 어울리는 단어를 써넣어 보세요.
  ① 줄넘기 이단 뛰기를 30번이나 하다니, [ㅎㄹ]하네. 훌륭
  ② [ㅇㅊ]난 크기의 잠수함이 나타났다. 엄청

② 단어에 대해 바르게 말한 친구에게 O표 하세요.
  도영 : '훌륭하다'는 '훌륭해, 훌륭한'처럼 사용해. (O)
  소영 : '엄청나다'는 '조마조마하다, 아슬아슬하다'와 같은 뜻이야. (   )

유의어 글쓰기

생각 꺼내기 내가 아는 훌륭한 사람을 떠올려 써 보세요.

① 누구인가요? 이순신 장군
② 왜 그렇게 생각하나요? 조선을 지키기 위해 용감하게 싸웠기 때문에
③ 그 사람의 업적은 무엇인가요? 거북선이라는 전투선을 만들었다.
④ 그 사람의 어떤 점을 닮고 싶은가요? 용감한 군인 정신

맑은 글쓰기 '굉장하다'의 유의어인 '훌륭하다'를 넣어 내가 아는 훌륭한 사람을 소개해 보세요.

제가 생각하는 훌륭한 사람은 이순신 장군입니다. 왜냐하면 조선을 지키기 위해 용감하게 싸웠기 때문입니다. 이순신 장군은 '거북선'이라는 전투선도 만들었습니다. 저는 이순신 장군의 용감한 군인 정신을 닮고 싶습니다.

34

유의어 사용하기

*'겁박하다'는 상대를 위협하고 협박하는 거야. '겁주다'와 비슷한 단어지.

① '겁주다'와 비슷한 단어를 모두 골라 O표 하세요
  (위협하다) 겁내다 (협박하다) 무서워하다 (겁박하다)

② 괄호 속 단어를 활용하여 문장을 바꾸어 써 보세요.
  ① 복면을 쓴 강도는 칼로 사람들을 위협하며 가방에 돈을 담았다.
  → (겁주다) 복면을 쓴 강도는 칼로 사람들을 겁주며 가방에 돈을 담았다.
  ② 몇 달 동안 나를 위협하던 사람을 경찰에 신고했다.
  → (협박하다) 몇 달 동안 나를 협박하던 사람을 경찰에 신고했다.

유의어 글쓰기

생각 꺼내기 우리 가족을 깜짝 놀라게 해 겁주는 방법을 떠올려 써 보세요.

① 누구를 겁주고 싶나요? 우리 아빠
② 이유가 무엇인가요? 아빠께서 장난으로 나를 잘 겁주기 때문에
③ 어떻게 겁줄 건가요? 방 불을 끄고 이불에 숨어 집에 없는 척을 한다.
④ 다른 방법은 무엇인가요? 문 뒤에 숨어 있다가 갑자기 나타난다.

맑은 글쓰기 '위협하다'의 유의어인 '겁주다'를 넣어 가족을 깜짝 놀라게 해 겁주는 방법을 소개해 보세요.

제가 깜짝 놀라게 해 겁주고 싶은 사람은 아빠입니다. 아빠께서도 장난으로 저를 잘 겁주기 때문입니다. 저는 아빠께서 퇴근하실 때 방 불을 끄고 이불에 숨어 집에 없는 척할 것입니다. 그리고 문 뒤에 숨어 있다가 갑자기 나타날 것입니다.

35

유의어 사용하기

① 밑줄 친 단어와 비슷한 의미의 단어를 넣어 문장을 다시 써 보세요.
  멸치는 뼈가 단단하지 않고 물러서 뼈째 먹어도 괜찮아.
  → 멸치는 뼈가 단단하지 않고 연해서(말랑해서) 뼈째 먹어도 괜찮아.

② 다음 문장을 읽고 괄호에 가장 어울리는 단어를 <보기>에서 찾아 쓰세요.
  보기   간질   말랑   까칠
  "축구공이 너무 말랑 해서 축구를 못 할 것 같아."

유의어 글쓰기

생각 꺼내기 내가 먹어 본 말랑한 식감의 과자를 떠올려 써 보세요.

① 어떤 과자인가요? 곰 모양 젤리
② 얼마나 자주 먹었나요? 일주일에 두세 번씩
③ 이 과자의 색깔은 어떤가요? 빨강, 초록, 노랑, 하양 등
④ 이 과자를 떠올리면 어떤 느낌이 드나요? 달콤함, 말랑함, 쫄깃함, 탱탱함

맑은 글쓰기 '무르다'의 유의어인 '말랑하다'를 넣어 말랑한 식감의 과자를 소개해 보세요.

제가 소개할 과자는 곰 모양 젤리입니다. 저는 이 젤리를 일주일에 두세 번 먹습니다. 젤리는 빨강, 초록, 노랑, 하양 등 색깔이 다양하고 달콤한 냄새가 납니다. 젤리를 입에 넣으면 말랑하고 쫄깃하고 탱탱한 느낌이 듭니다.

36

유의어 사용하기

① 다음 문장에서 바르지 않게 사용된 단어를 알맞은 단어로 고치세요.
  무거운 비행기가 하늘을 날 수 있다는 것이 신청하다.
  → 무거운 비행기가 하늘을 날 수 있다는 것이 희한하다 .
  (신기하다, 이상하다)

② 다음 중 단어의 뜻이 알맞게 풀이된 것에 O표 하세요.
  ① 신기하다 : 믿기 어려울 만큼 놀랍다. (O)
  ② 이상하다 : 지금까지 봐 오던 것과 비슷하다. (   )

유의어 글쓰기

생각 꺼내기 내가 꾼 신기한 꿈을 떠올려 써 보세요.

① 어떤 꿈을 꿨나요? 내 책상 서랍에 100만 원이 들어 있는 꿈
② 꿈에는 누가 나왔나요? 나, 우리 반 친구들, 선생님
③ 이 꿈이 왜 신기했나요? 한 번도 본 적 없는 100만 원이 서랍에 들어 있어서
④ 꿈을 꾼 다음 어떤 생각을 했나요? 꿈이 아니라 진짜였으면 얼마나 좋았을까?

맑은 글쓰기 '희한하다'의 유의어인 '신기하다'를 넣어 내가 꾼 신기한 꿈을 소개해 보세요.

제가 꾼 신기한 꿈은 제 책상 서랍에 100만 원이 들어 있는 꿈입니다. 한 번도 본 적 없는 100만 원이 있어서 신기했습니다. 그래서 이 사실을 다른 사람들에게 말해야 할지 말지 고민하다가 꿈에서 깼습니다. 서랍 속에서 돈이 나오는 이 꿈이, 꿈이 아니라 진짜였으면 좋겠습니다.

37

유의어 사용하기

1. <보기> 속 단어를 넣어 짧은 글을 완성해 보세요.

   보기: 흔드는 좌지우지

   충신은 어린 임금이 내신들에게 **좌지우지** 되는 걸 지켜다 볼 수 없었다. 그래서 나라를 마음대로 **흔드는** 권력자들의 힘을 어떻게 빼앗을 수 있을지 고민했다.

2. 다음 밑줄 친 부분과 바꿔 쓸 수 없는 단어를 고르세요.

   "언제까지 나를 <u>좌지우지</u>할 수 있을 것 같아?"

   ① 후두둘 ② 도울 ③ 마음대로 다룰 ④ 흔들

유의어 글쓰기

tip - 나의 생각을 확실하게 정리하지 않으면, 친구의 이야기에 쉽게 흔들일 수 있어.

생각 꺼내기 친구의 이야기에 좌지우지되지 않는 방법을 떠올려 써 보세요.

1. 친구의 이야기에 좌지우지되는 이유는 무엇일까요? **내 생각이 분명하지 않아서**
2. 또 다른 이유가 있을까요? **내가 가진 생각을 친구에게 말하지 않아서**
3. 어떻게 하면 친구에게 좌지우지되지 않을까요? **내 생각을 머릿속에 정리하기**
4. 또 다른 방법이 있을까요? **친구에게 내 생각을 미리 말하기**

짧은 글쓰기 '휘두르다'의 유의어인 '좌지우지하다'를 넣어 친구의 이야기에 좌지우지 되지 않는 방법을 소개해 보세요.

친구의 이야기에 좌지우지되지 않는 방법은 내 생각을 머릿속에 정리하는 것입니다. 또 내 생각을 친구에게 미리 말하는 것입니다. 내 생각이 분명하지 않거나 친구에게 말하지 않으면 친구의 이야기에 쉽게 흔들릴 수 있습니다.

38

유의어 사용하기

1. 다음 중 '떠나다'와 어울리는 상황에 O표 하세요.

   ① 아빠 : 다음 달에 전학을 가니, 친구들에게 미리 인사를 해 두렴. (O)
   ② 형 : 이 만화책은 너무 재밌더! (   )

2. 다음 중 단어의 뜻을 잘못 설명한 문장에 X표 하세요.

   ① 숨다 : 잘 보이도록 꺼내 놓다. (X)
   ② 떠나다 : 원래 있던 곳이나 사람들에게서 벗어나다. (   )

유의어 글쓰기

생각 꺼내기 만약 집에서 숨바꼭질을 한다면 숨기 좋은 장소를 떠올려 써 보세요.

1. 숨바꼭질을 잘하는 방법은 무엇인가요? **안 보이는 곳에 숨는 것**
2. 집에서 숨기 좋은 장소는 어디인가요? **옷장**
3. 그 장소가 숨기 좋은 이유는 무엇인가요? **문이 있고 옷이 많아서**
4. 또 다른 장소와 그 이유는 무엇인가요? **작은 화장실, 가족들이 잘 사용하지 않아서**

짧은 글쓰기 '사라지다'의 유의어인 '숨다'를 넣어 우리 집에서 숨기 좋은 장소를 소개해 보세요.

숨바꼭질을 잘하려면 술래가 못 보는 곳에 숨어야 합니다. 우리 집에서 숨기 좋은 장소는 옷장입니다. 문이 있고 옷이 많아서 잘 안 보입니다. 또 작은 화장실도 숨기 좋습니다. 가족들이 잘 사용하지 않는 곳이기 때문입니다.

39

유의어 사용하기

1. 빈칸에 알맞은 단어를 넣어 유의어의 뜻을 완성해 보세요.

   ① 조화되다 : 서로 (**어긋나지**) 않고 잘 지내다.
   ② 사귀다 : 서로 (**친하게**) 지내다.

2. 다음 문장의 빈칸에 공통으로 들어갈 단어를 골라 O표 하세요.

   모자가 운동화 색깔과 잘 (   )되어 예쁘다.
   여러 가지 현악기가 (   )롭게 내는 소리가 굉장해!

   보기: 이   신비   해   **조화**

유의어 글쓰기

생각 꺼내기 올해 새롭게 사귄 친구를 떠올려 써 보세요.

1. 친구의 이름은 무엇인가요? **정지유**
2. 이 친구와 어떻게 친해졌나요? **같은 모둠을 하면서**
3. 친구의 장점은 무엇인가요? **나의 이야기를 잘 들어 준다.**
4. 앞으로 친구와 무엇을 해 보고 싶나요? **같이 놀러 가기**

짧은 글쓰기 '어울리다'의 유의어인 '사귀다'를 넣어 올해 새롭게 사귄 친구를 소개해 보세요.

제가 올해 새롭게 사귄 친구는 정지유입니다. 올해 같은 반이 되고, 같은 모둠이 되면서 친해졌습니다. 지유의 장점은 제 이야기를 잘 들어 준다는 것입니다. 앞으로 지유와 함께 재미있는 곳으로 같이 놀러 가고 싶습니다.

40

유의어 사용하기

1. 초성 힌트를 보고, 문장에 어울리는 단어를 써넣어 보세요.

   ① 방 안이 너무 [ㅇㄷㅇ] 떨어진 동전을 찾을 수가 없었다. **어두워**
   ② 너무 어려운 시험 문제를 보니 [ㅁㄱ]한 기분이 들었다. **막막**

2. 단어에 대해 바르게 말한 친구에게 O표 하세요.

   호영 : '어둡다'는 빛이 없을 때, 색이 짙지 않을 때 사용해. (O)
   도훈 : '막막하다'는 마음이 편안할 때, 차분할 때 사용해. (   )

유의어 글쓰기

생각 꺼내기 내가 가 봤던 어두운 장소를 떠올려 써 보세요.

1. 어떤 장소인가요? **영화관**
2. 그곳은 어떤 특징이 있나요? **사람들이 영화에 집중할 수 있게 온통 어둡다.**
3. 그곳에 언제 갔나요? **지난 주말**
4. 그곳에서 무엇을 했나요? **귀여운 캐릭터들이 나오는 애니메이션을 봤다.**

짧은 글쓰기 '캄캄하다'의 유의어인 '어둡다'를 넣어 내가 가 봤던 어두운 장소를 소개해 보세요.

제가 본 어두운 장소는 영화관입니다. 지난 주말에도 애니메이션을 보러 영화관에 갔습니다. 영화관은 사람들이 영화에 집중할 수 있게 온통 어둡습니다. 그래서 계단에서 넘어지거나 다른 사람의 발을 밟지 않도록 조심해야 합니다.

41

유의어 사용하기

1. '노력하다'와 비슷한 단어를 모두 골라 O표 하세요.

   힘쓰다 울다 (애쓰다) (주력하다) 생각하다

2. 괄호 속 단어를 활용하여 문장을 바꾸어 써 보세요.

   ① 자기 자리는 스스로 깨끗하게 하려고 노력해야 합니다.
   ➡ (애쓰다) 자기 자리는 스스로 깨끗하게 하려고 애써야 합니다.

   ② 나는 이번 농구 대회에서 우승하기 위해 노력하고 있어.
   ➡ (주력하다) 나는 이번 농구 대회에서 우승하는 데 주력하고 있어.

유의어 글쓰기   tip - 우리 반, 우리 사회를 위해 노력했으면 하는 일을 떠올려 봐.

생각 꺼내기 '우리가 애써야 할 일'에 대한 나의 의견과 이유를 떠올려 써 보세요.

1. 나의 의견은 무엇인가요? 우리가 애써야 하는 일은 칠판을 깨끗하게 하는 일이다.
2. 왜 그렇게 생각하나요? 왜냐하면 칠판은 계속 사용하는 것이기 때문이다.
3. 예를 들어 볼까요? 예를 들어 칠판이 지저분하면 어떤 글이 쓰여 있는지 알 수 없다.
4. 정리해 써 볼까요? 그러므로 깨끗한 칠판을 만들기 위해 모두가 애써야 한다.

짧은 글쓰기 '노력하다'의 유의어인 '애쓰다'를 넣어 의견을 제시하는 글을 써 보세요.

우리가 애써야 하는 일은 칠판을 깨끗하게 하는 일입니다. 왜냐하면 칠판은 계속 사용하는 것이기 때문입니다. 예를 들어 칠판이 지저분하면 어떤 글이 쓰여 있는지 알 수 없습니다. 그러므로 깨끗한 칠판을 만들기 위해 모두가 애써야 합니다.

42

유의어 사용하기

1. 밑줄 친 단어와 비슷한 의미의 단어를 넣어 문장을 다시 써 보세요.

   "공부 잘한다고 으스대지 말아 줘!"
   ➡ 공부 잘한다고 우쭐대지(뽐내지) 말아 줘!

2. 다음 문장을 읽고 괄호에 가장 어울리는 단어를 <보기>에서 찾아 쓰세요.

   보기   열심히 하더니   우쭐대더니   겸손하더니

   "호랑이가 없는 산속에서 우쭐대더니, 꼴좋네. 쌤통이다."

유의어 글쓰기   tip - 우쭐대는 행동이 좋은 행동인지 나쁜 행동인지 생각해 봐.

생각 꺼내기 '우쭐대는 행동'에 대한 나의 의견과 이유를 떠올려 써 보세요.

1. 나의 의견은 무엇인가요? 우쭐대는 행동은 하지 말아야 한다.
2. 왜 그렇게 생각하나요? 왜냐하면 사람들은 다른 사람이 우쭐대는 걸 좋아하지 않는다.
3. 예를 들어 볼까요? 예를 들어 매번 잘난 척하는 친구를 좋아하는 사람은 없다.
4. 정리해 써 볼까요? 그러므로 우쭐대지 말고 겸손하게 행동해야 한다.

짧은 글쓰기 '으스대다'의 유의어인 '우쭐대다'를 넣어 의견을 제시하는 글을 써 보세요.

우쭐대는 행동은 하지 말아야 합니다. 왜냐하면 사람들은 다른 사람이 우쭐대는 걸 좋아하지 않기 때문입니다. 예를 들어 매번 잘난 척하는 친구를 좋아하는 사람은 없을 것입니다. 그러므로 우쭐대지 말고 겸손하게 행동해야 합니다.

43

유의어 사용하기

1. 다음 문장에서 바르지 않게 사용된 단어를 알맞은 단어로 고치세요.

   친구에게 선생님의 말씀을 던지다.
   ➡ 친구에게 선생님의 말씀을 전하다.

2. 다음 중 단어의 뜻을 알맞게 풀이한 것에 O표 하세요.

   ① 전하다 : 어떤 물건을 다른 사람에게 주다. (O)
   ② 물려주다 : 재물이나 기술 등을 배워 오다. (   )

유의어 글쓰기   tip - 어떻게 마음을 전했을 때 가장 편하고 좋았는지 생각해 봐.

생각 꺼내기 '마음을 전하는 좋은 방법'에 대한 나의 의견과 이유를 떠올려 써 보세요.

1. 나의 의견은 무엇인가요? 마음을 전하는 좋은 방법은 편지를 쓰는 것이다.
2. 왜 그렇게 생각하나요? 왜냐하면 부끄러운 말도 편지로는 할 수 있기 때문이다.
3. 예를 들어 볼까요? 예를 들어 좋아한다는 이야기는 말로 하는 것보다 편지로 하는 게 훨씬 쉽다.
4. 정리해 써 볼까요? 그러므로 마음을 표현하기 어려울 때는 편지를 써 보자.

짧은 글쓰기 '보내다'의 유의어인 '전하다'를 넣어 의견을 제시하는 글을 써 보세요.

마음을 전하는 좋은 방법은 편지를 쓰는 것입니다. 왜냐하면 부끄러운 말도 편지로는 할 수 있기 때문입니다. 예를 들어 좋아한다는 이야기는 말로 하는 것보다 편지로 하는 게 훨씬 쉽습니다. 그러므로 마음을 표현하기 어려울 때는 편지를 써 봅시다.

44

유의어 사용하기

1. <보기> 속 단어를 넣어 짧은 글을 완성해 보세요.

   보기   소모   낡은

   어제 가족들과 함께 청소를 했다. 나는 낡은 수건을 걸레로 사용해서 이곳저곳을 닦았다. 네 시간에 걸친 청소가 끝날 때쯤에는 가지고 있는 체력이 모두 소모 되어 매우 피곤했다.

2. 다음 밑줄 친 부분과 바꿔 쓸 수 없는 단어를 고르세요.

   아버지의 옷장에는 옷깃이 닳은 셔츠가 많이 있었다.

   ① 낡은   ② 멀쩡한   ③ 해진   ④ 오래된

유의어 글쓰기

생각 꺼내기 '낡은 물건 사용하기'에 대한 나의 의견과 이유를 떠올려 써 보세요.

1. 나의 의견은 무엇인가요? 낡은 물건을 사용하는 것은 좋은 행동이다.
2. 왜 그렇게 생각하나요? 왜냐하면 자원을 절약하는 훌륭한 방법이기 때문이다.
3. 예를 들어 볼까요? 예를 들어 내가 입고 있는 옷은 사촌 형이 어렸을 때 입었던 옷이다.
4. 정리해 써 볼까요? 그러므로 낡은 물건이라도 사용하는 데 문제가 없다면 사용하는 게 좋다.

짧은 글쓰기 '닳다'의 유의어인 '낡다'를 넣어 의견을 제시하는 글을 써 보세요.

낡은 물건을 사용하는 것은 좋은 행동입니다. 왜냐하면 자원을 절약하는 훌륭한 방법이기 때문입니다. 예를 들어 사촌 형이 어렸을 때 입던 옷을 입으면 자원을 아낄 수 있습니다. 그러므로 낡은 물건이라도 문제가 없으면 사용하는 게 좋습니다.

45

유의어 사용하기

① 다음 중 '셈하다'와 어울리는 상황에 O표 하세요.
 ① 선생님 : 우리 반 친구들이 다 왔는지 한번 세 볼래? (O)
 ② 이모 : 혼자서 요리도 할 줄 알고, 대단한데? ( )

② 다음 중 단어의 뜻을 잘못 설명한 문장에 X표 하세요.
 ① 셈하다 : 수를 빼다. (X)
 ② 헤아리다 : 그 수가 얼마나 되는지 생각하다. ( )

유의어 글쓰기

tip – 수학 문제를 풀 때 계산기를 사용하는 것에 찬성하는지 반대하는지 생각하고 답변을 써 봐.

생각 꺼내기 '수학 문제를 풀 때 계산기로 셈하기'에 대한 나의 의견과 이유를 떠올려 써 보세요.

① 나의 의견은 무엇인가요? 수학 문제를 풀 때 계산기로 셈하는 것에 찬성한다.
② 왜 그렇게 생각하나요? 왜냐하면 복잡한 계산을 빨리할 수 있기 때문이다.
③ 예를 들어 볼까요? 예를 들어 손으로 풀면 오래 걸리는 문제도 계산기를 쓰면 금방 풀 수 있다.
④ 정리해 써 볼까요? 그러므로 수학 문제를 풀 때 계산기를 써도 된다.

짧은 글쓰기 '계산하다'의 유의어인 '셈하다'를 넣어 의견을 제시하는 글을 써 보세요.

수학 문제를 풀 때 계산기로 셈하는 것에 찬성합니다. 왜냐하면 복잡한 계산을 빠르고 정확하게 할 수 있기 때문입니다. 예를 들어 손으로 풀면 오래 걸리는 문제도 계산기를 쓰면 금방 풀 수 있습니다. 그러므로 수학 문제를 풀 때 계산기가 도움이 된다면 써도 된다고 생각합니다.

46

유의어 사용하기

① 빈칸에 알맞은 단어를 넣어 유의어의 뜻을 완성해 보세요.
 ① 관찰하다 : 현상이나 물건을 자세히 보다 .
 ② 둘러보다 : 주변을 (두루 보다).

② 다음 문장의 빈칸에 공통으로 들어갈 단어를 골라 O표 하세요.
 현미경으로 세포를 ( )하다.
 경찰이 범인이 남기고 간 단서를 자세히 ( )하다.

 보기   소모   관찰   비판   주력

유의어 글쓰기

tip – 초 구들을 관찰하여 친해지게 된 경험을 떠올려 봐.

생각 꺼내기 '친구와 친해지려면 친구를 잘 관찰해야 한다'라는 생각에 대한 나의 의견과 이유를 떠올려 써 보세요.

① 나의 의견은 무엇인가요? 친구와 친해지려면 친구를 잘 관찰해야 한다는 것에 동의한다.
② 왜 그렇게 생각하나요? 왜냐하면 친구를 관찰하다 보면 친구의 마음을 알 수 있기 때문이다.
③ 예를 들어 볼까요? 예를 들어 친구의 얼굴 표정을 관찰하면 그날 친구의 기분을 알 수 있다.
④ 정리해 써 볼까요? 그러므로 어떤 친구와 친해지고 싶다면 친구를 잘 관찰하는 게 좋다.

짧은 글쓰기 '살피다'의 유의어인 '관찰하다'를 넣어 의견을 제시하는 글을 써 보세요.

친구와 친해지려면 친구를 잘 관찰해야 합니다. 왜냐하면 친구를 관찰하다 보면 친구의 마음을 알 수 있기 때문입니다. 예를 들어 친구의 얼굴 표정을 자세히 살펴보면 친구의 기분을 쉽게 알 수 있습니다. 그러므로 내가 만약 어떤 친구와 친해지고 싶다면, 그 친구를 잘 관찰해야 합니다.

47

유의어 사용하기

① 초성 힌트를 보고, 문장에 어울리는 단어를 써넣어 보세요.
 ① 건물을 지을 때에는 항상 사고를 [ㄱㄱ]해야 합니다. 경계
 ② 어른들과 이야기할 때는 말을 [ㅈㅅ]하는 게 좋아. 조심

② 단어에 대해 바르게 말한 친구에게 O표 하세요.
 정현 : '조심하다'는 '차 조심, 사람 조심'처럼 쓰일 수 있어. (O)
 참이 : '경계하다'는 어떤 물건을 모두 사용해 버렸을 때 써. ( )

유의어 글쓰기

생각 꺼내기 '학교에서 조심해야 하는 행동'에 대한 나의 의견과 이유를 떠올려 써 보세요.

① 나의 의견은 무엇인가요? 학교에서 조심해야 하는 행동은 피해를 주는 행동이다.
② 왜 그렇게 생각하나요? 왜냐하면 학교는 여러 명이 함께 공부하는 곳이기 때문이다.
③ 예를 들어 볼까요? 예를 들어 내가 교실에서 떠들면 친구들이 공부하는 데 방해가 된다.
④ 정리해 써 볼까요? 그러므로 친구들에게 피해를 주지 않도록 조심해야 한다.

짧은 글쓰기 '주의하다'의 유의어인 '조심하다'를 넣어 의견을 제시하는 글을 써 보세요.

학교에서 조심해야 하는 행동은 친구들에게 피해 주는 행동입니다. 왜냐하면 학교는 여러 명이 함께 공부하는 곳이기 때문입니다. 예를 들어 제가 교실에서 떠들면 친구들이 공부하는 데 방해가 됩니다. 그러므로 학교에서는 친구들에게 피해를 주지 않도록 조심해야 합니다.

48

유의어 사용하기

① 밑줄 친 단어와 비슷한 의미의 단어를 넣어 문장을 다시 써 보세요.
 "이 정도 크기면 우리 가족이 먹기에 적합할 것 같은데?"
 ➡ 이 정도 크기면 우리 가족이 먹기에 적당할(알맞을) 것 같은데?

② 다음 문장을 읽고 괄호에 가장 어울리는 단어를 <보기>에서 찾아 쓰세요.

 보기   부족한   사용한   알맞은

 "빈칸에 들어갈 알맞은 표현은 무엇일까요?"

유의어 글쓰기

생각 꺼내기 '초등학생에게 적당한 게임 시간'에 대한 나의 의견과 이유를 떠올려 써 보세요.

① 나의 의견은 무엇인가요? 초등학생에게 적당한 게임 시간은 40분이다.
② 왜 그렇게 생각하나요? 왜냐하면 한두 게임 정도 할 수 있기 때문이다.
③ 예를 들어 볼까요? 예를 들어 축구, 야구 게임을 두 판 정도 할 수 있다.
④ 정리해 써 볼까요? 그러므로 초등학생의 게임 시간으로는 40분이 적당하다

짧은 글쓰기 '적합하다'의 유의어인 '적당하다'를 넣어 의견을 제시하는 글을 써 보세요.

초등학생들에게 적당한 게임 시간은 하루에 40분입니다. 왜냐하면 한두 게임 정도 충분히 할 수 있는 시간이기 때문입니다. 예를 들어 40분이면 초등학생들이 많이 하는 축구와 야구 게임을 두 판 정도 할 수 있습니다. 그러므로 초등학생들의 게임 시간으로 40분이 적당하다고 생각합니다.

49

유의어 사용하기

① 다음 문장에서 바르지 않게 사용된 단어를 알맞은 단어로 고치세요.

전 세계 사람들이 함께 자연을 훼손해야 해.

➡ 전 세계 사람들이 함께 자연을 보존해야 해.
(지켜야, 보호해야)

② 다음 중 단어의 뜻을 알맞게 풀이한 것에 O표 하세요.
① 지키다 : 내 것을 빼앗기다. ( )
② 보호하다 : 다치거나 훼손되지 않도록 잘 지키다. (O)

유의어 글쓰기

생각 꺼내기 '환경을 보호하는 방법'에 대한 나의 의견과 이유를 떠올려 써 보세요.

① 나의 의견은 무엇인가요? 환경을 보호하는 방법은 텀블러를 사용하는 것이다.
② 왜 그렇게 생각하나요? 왜냐하면 종이컵은 한 번 쓰고 버려지기 때문이다.
③ 예를 들어 볼까요? 예를 들어 물을 세 번 마시면 종이컵이 세 개 필요하지만, 텀블러로 마시면 종이컵이 필요하지 않다.
④ 정리해 써 볼까요? 그러므로 종이컵 대신 텀블러를 사용하면 환경을 보호할 수 있다.

짧은 글쓰기 '보존하다'의 유의어인 '보호하다'를 넣어 의견을 제시하는 글을 써 보세요.

환경을 보호하는 방법은 텀블러를 사용하는 것입니다. 왜냐하면 한 번 쓰고 버려지는 종이컵을 아낄 수 있기 때문입니다. 예를 들어 하루에 물을 세 번 마시면 종이컵이 세 개 필요하겠지만, 텀블러로 물을 마시면 종이컵이 하나도 필요하지 않습니다. 그러므로 종이컵 대신 텀블러를 사용하면 환경을 보호할 수 있습니다.

50

유의어 사용하기

① <보기> 속 단어를 넣어 짧은 글을 완성해 보세요.

보기: 이용한 다루는

별이는 여러 가지 악기를 다루는 것에 소질이 있다. 플루트, 피아노, 바이올린, 리코더까지 못하는 악기가 없다. 최근에는 전자 악기를 이용한 음악들도 자유롭게 연주하는 모습을 보여 주었다.

② 다음 밑줄 친 부분과 바꿔 쓸 수 없는 단어를 고르세요.
"진호는 우리 반에서 노트북을 가장 잘 이용할 줄 아는 친구야."
① 사용할 ② 부술 ③ 다룰 ④ 쓸

유의어 글쓰기

생각 꺼내기 '자전거를 이용해 등교하는 것'에 대한 나의 의견과 이유를 떠올려 써 보세요.

① 나의 의견은 무엇인가요? 자전거를 이용해 등교하는 것은 위험하다.
② 왜 그렇게 생각하나요? 왜냐하면 사고가 날 수 있기 때문이다.
③ 예를 들어 볼까요? 예를 들어 사람들과 차에 부딪칠 수 있다.
④ 정리해 써 볼까요? 그러므로 자전거를 타기보다 걸어서 등교하는 게 좋다.

짧은 글쓰기 '사용하다'의 유의어인 '이용하다'를 넣어 의견을 제시하는 글을 써 보세요.

자전거를 이용해 등교하는 것은 위험합니다. 왜냐하면 사고가 날 수도 있기 때문입니다. 예를 들어 제가 학교에 가는 길에는 사람들도 많고 차도 많은데, 사람과 차에 부딪쳐 사고가 날 수도 있습니다. 그러므로 자전거를 타기보다 걸어서 학교에 가는 게 안전합니다.

51

유의어 사용하기

① 다음 중 '풍족하다'와 어울리는 상황에 O표 하세요.
① 채은 : 이제 과자 상자에 과자가 하나밖에 남지 않았어. ( )
② 하연 : 우와! 냉장고에 맛있는 과일이 가득 차 있네! (O)

② 다음 중 단어의 뜻을 잘못 설명한 문장에 X표 하세요.
① 풍족하다 : 여유가 없어 모자라다. (X)
② 족하다 : 수나 양이 넉넉하다. ( )

유의어 글쓰기 tip - 언제 풍족함을 더 느끼는지 생각해 봐. 많이 가졌을 때? 내 것을 나눌 때?

생각 꺼내기 '풍족한 마음'에 대한 나의 의견과 이유를 떠올려 써 보세요.

① 나의 의견은 무엇인가요? 풍족한 마음은 내 것을 나눌 때 생긴다.
② 왜 그렇게 생각하나요? 왜냐하면 내 것을 나누면 마음이 뿌듯해지기 때문이다.
③ 예를 들어 볼까요? 예를 들어 쿠키를 혼자 먹는 것보다 좋아하는 사람과 나눠 먹는 게 더 맛있다.
④ 정리해 써 볼까요? 그러므로 내 것을 나누며 마음을 풍족하게 만들자.

짧은 글쓰기 '충분하다'의 유의어인 '풍족하다'를 넣어 의견을 제시하는 글을 써 보세요.

풍족한 마음은 많이 가지고 있을 때가 아니라 내 것을 나눌 때 생깁니다. 왜냐하면 내 것을 나눠 주면 마음이 뿌듯해지기 때문입니다. 예를 들어 맛있는 쿠키를 혼자 먹는 것보다 좋아하는 사람과 나눠 먹는 게 훨씬 맛있습니다. 그러므로 내 것을 나누며 마음을 풍족하게 만들어 봅시다.

52

유의어 사용하기

① 빈칸에 알맞은 단어를 넣어 유의어의 뜻을 완성해 보세요.
① 흔하다 : 어떤 일이 (자주 일어나서) 쉽게 볼 수 있다.
② 수많다 : 수가 (매우 많다).

② 다음 문장의 빈칸에 공통으로 들어갈 단어를 골라 O표 하세요.
머릿속에 (   ) 생각이 떠오른다.
이 책은 (   ) 어린이가 읽은 좋은 책이다.

보기: 넉넉한 (수많은) 부족한 보기 드문

유의어 글쓰기

생각 꺼내기 '친구들끼리 다투는 것은 흔하게 있는 일이다'에 대한 나의 의견과 이유를 떠올려 써 보세요.

① 나의 의견은 무엇인가요? 친구들끼리 다투는 것은 흔하게 있는 일이라는 생각에 반대한다.
② 왜 그렇게 생각하나요? 왜냐하면 사이가 계속 좋은 친구도 있기 때문이다.
③ 예를 들어 볼까요? 예를 들어 채원이와는 유치원 때부터 지금까지 한 번도 다투지 않았다.
④ 정리해 써 볼까요? 그러므로 다투는 게 흔하지 않은 친구 사이도 있다.

짧은 글쓰기 '허다하다'의 유의어인 '흔하다'를 넣어 의견을 제시하는 글을 써 보세요.

친구들끼리 다투는 것은 흔하게 있는 일이라는 생각에 반대합니다. 왜냐하면 항상 사이좋게 지내는 친구도 있기 때문입니다. 예를 들어 저는 채원이와 유치원 때부터 친구였는데 지금까지 한 번도 다투지 않았습니다. 그러므로 친구들끼리 다투는 게 흔하지 않은 친구 사이도 있습니다.

53

유의어 사용하기

1) 초성 힌트를 보고, 문장에 어울리는 단어를 써넣어 보세요.
   ① 지금 나에게 가장 [ㅈㅅ]한 과제는 피구 실력을 높이는 것이다. __절실__
   ② 냉장고는 살림에 아주 [ㅇㄱ]한 물건이다. __요긴__

2) 단어에 대해 바르게 말한 친구에게 O표 하세요.
   대건 : '절실하다'는 매우 급하게 필요한 것과 함께 사용해. (O)
   채원 : '요긴하다'는 말이나 글을 간단하게 정리할 때 사용해. ( )

유의어 글쓰기

생각 꺼내기 '나에게 절실한 것'에 대한 나의 의견과 이유를 떠올려 써 보세요.

1) 나의 의견은 무엇인가요? 나에게 절실한 것은 __가족과 함께하는 시간이다.__
2) 왜 그렇게 생각하나요? 왜냐하면 __부모님께서 바쁘셔서 함께하는 시간이 많이 없기 때문이다.__
3) 예를 들어 볼까요? 예를 들어 __두 분 모두 일주일에 4일 정도는 9시에 오신다.__
4) 정리해 써 볼까요? 그러므로 __나에게는 가족들과 함께 이야기하고 저녁 먹는 시간이 절실하다.__

짧은 글쓰기 '필요하다'의 유의어인 '절실하다'를 넣어 의견을 제시하는 글을 써 보세요.

나에게 절실한 것은 가족과 함께하는 시간입니다. 왜냐하면 부모님께서 바쁘셔서 함께하는 시간이 많이 없기 때문입니다. 예를 들어 두 분 모두 일주일에 4일 정도는 9시에 오십니다. 그러므로 저는 가족들과 함께 이야기하고 저녁 먹는 시간이 절실합니다.

54

유의어 사용하기

*'얄팍하다'는 두께가 조금 얇다는 뜻이야. '얄팍한 책'이라고 쓸 수 있어.

1) '얄따랗다'와 비슷한 단어를 모두 골라 O표 하세요.
   (얇다) 툭툭하다 (겉다) (얄팍하다) 도톰하다

2) 괄호 속 단어를 활용하여 문장을 바꾸어 써 보세요.
   ① 그 사람은 커다란 눈에 얇은 입술을 가진 사람이다.
   ➔ (얄따랗다) __그 사람은 커다란 눈에 얄따란 입술을 가진 사람이다.__
   ② 엄마의 눈 주변에는 얇은 주름이 있다.
   ➔ (엷다) __엄마의 눈 주변에는 엷은 주름이 있다.__

유의어 글쓰기

생각 꺼내기 '입술은 얇을수록 좋다'에 대한 나의 의견과 이유를 떠올려 써 보세요.

1) 나의 의견은 무엇인가요? 입술은 얇을수록 좋다는 생각에 __반대한다.__
2) 왜 그렇게 생각하나요? 왜냐하면 __두꺼운 입술이 멋진 사람도 있기 때문이다.__
3) 예를 들어 볼까요? 예를 들어 __유명한 연예인 중에 두꺼운 입술 때문에 인기 있는 사람들이 많다.__
4) 정리해 써 볼까요? 그러므로 __중요한 것은 그 사람의 얼굴에 잘 어울리는 거이다.__

짧은 글쓰기 '얇다'의 유의어 '엷다'를 넣어 의견을 제시하는 글을 써 보세요.

입술은 얇을수록 좋다는 생각에 반대합니다. 왜냐하면 엷은 입술보다 두꺼운 입술이 더 멋진 사람도 있기 때문입니다. 예를 들어 유명한 연예인 중에도 두꺼운 입술 때문에 인기 있는 사람들이 많습니다. 그러므로 입술이 엷든 두껍든 그 사람의 얼굴에 잘 어울리는 게 중요하다고 생각합니다.

55

유의어 사용하기

1) 밑줄 친 단어와 비슷한 의미의 단어를 넣어 문장을 다시 써 보세요.
   "윤희는 수업 내용을 간추리는 걸 정말 잘해."
   ➔ 윤희는 수업 내용을 __정리하는(요약하는)__ 걸 정말 잘해.

2) 다음 문장을 읽고 괄호에 가장 어울리는 단어를 <보기>에서 찾아 쓰세요.
   <보기> 요약하면 보호하면 주력하면
   "이야기의 내용을 한 단어로 __요약하면__ 권선징악이다."

유의어 글쓰기

생각 꺼내기 '쉬는 시간마다 책상을 정리해야 한다'에 대한 나의 의견과 이유를 떠올려 써 보세요.

1) 나의 의견은 무엇인가요? 쉬는 시간마다 책상을 정리해야 한다는 의견에 __찬성한다.__
2) 왜 그렇게 생각하나요? 왜냐하면 __다음 수업을 준비해야 하기 때문이다.__
3) 예를 들어 볼까요? 예를 들어 __지난 시간 책이 정리되어 있지 않으면 수업하는 데 방해가 된다.__
4) 정리해 써 볼까요? 그러므로 __쉬는 시간 동안 책상을 정리하며 다음 수업을 준비해야 한다.__

짧은 글쓰기 '간추리다'의 유의어인 '정리하다'를 넣어 의견을 제시하는 글을 써 보세요.

쉬는 시간마다 책상을 정리해야 한다는 의견에 찬성합니다. 왜냐하면 쉬는 시간은 다음 수업을 준비하는 시간이기 때문입니다. 예를 들어 지난 시간 책이 정리되어 있지 않으면 수업하는 데 방해가 됩니다. 그러므로 쉬는 시간 동안 책상을 정리하며 다음 수업을 준비해야 합니다.

56

유의어 사용하기

1) 다음 문장에서 바르지 않게 사용된 단어를 알맞은 단어로 고치세요.
   한 번 했던 말을 중재해서 말하는 건 피해야 한다.
   ➔ 한 번 했던 말을 __반복해서__ 말하는 건 피해야 한다.
   (거듭해서, 중복해서)

2) 다음 중 단어의 뜻을 알맞게 풀이한 것에 O표 하세요.
   ① 거듭하다 : 어떤 일에 도전하다. ( )
   ② 중복하다 : 어떤 일이나 행동을 되풀이하거나 겹치다. (O)

유의어 글쓰기

tip - 다음 의견에 찬성하는지 반대하는지 먼저 생각해 봐.

생각 꺼내기 '거듭해서 수업을 방해하는 친구는 벌을 받아야 한다'에 대한 나의 의견과 이유를 떠올려 써 보세요.

1) 나의 의견은 무엇인가요? 거듭해서 수업을 방해하는 친구는 벌을 받아야 한다는 의견에 __찬성한다.__
2) 왜 그렇게 생각하나요? 왜냐하면 __수업 시간은 모두에게 중요하기 때문이다.__
3) 예를 들어 볼까요? 예를 들어 __수업 시간에 떠드는 친구가 있다면 나머지 친구들이 피해를 보게 된다.__
4) 정리해 써 볼까요? 그러므로 __거듭해서 수업을 방해하는 친구는 마땅한 벌을 받아야 한다.__

짧은 글쓰기 '반복하다'의 유의어인 '거듭하다'를 넣어 의견을 제시하는 글을 써 보세요.

거듭해서 수업을 방해하는 친구는 벌을 받아야 합니다. 왜냐하면 수업 시간은 우리 반 모두에게 중요하기 때문입니다. 예를 들어 수업 시간에 떠드는 친구가 있다면 나머지 친구들이 모두 피해를 보게 됩니다. 그러므로 거듭해서 수업을 방해하는 친구는 마땅한 벌을 받아야 합니다.

57

유의어 사용하기

1. <보기> 속 단어를 넣어 짧은 글을 완성해 보세요.

   보기: 가장 붐비는   복작거린다

   우리 집 앞 시장은 우리 동네에서 <u>가장 붐비는</u> 곳 중의 하나다. 아침에도, 밤에도 생기가 넘친다. 이곳에는 물건을 파는 사람과 물건을 사는 사람들이 온 종일 <u>복작거린다</u>.

2. 다음 밑줄 친 부분과 바꿔 쓸 수 없는 단어를 고르세요.

   주말 저녁, <u>붐비는</u> 야시장에 갈 때마다 마음이 설렌다.

   ① 북적거리는 ② 복작거리는 ③ 와글거리는 ④ 한적한

유의어 글쓰기
tip – 사람이 붐비는 곳은 재미있는 게 펼쳐지기도 하고, 때로는 위험하기도 해. 너는 아래 의견에 찬성하니, 반대하니?

생각 꺼내기 '사람이 붐비는 곳에는 가지 말아야 한다'에 대한 나의 의견과 이유를 떠올려 써 보세요.

1. 나의 의견은 무엇인가요? 사람이 붐비는 곳에는 가지 말아야 한다는 의견에 <u>반대한다.</u>
2. 왜 그렇게 생각하나요? 왜냐하면 <u>재미있는 곳은 언제나 사람이 붐비기 때문이다.</u>
3. 예를 들어 볼까요? 예를 들어 <u>놀이터, 공연장, 영화관은 사람이 많다.</u>
4. 정리해 써 볼까요? 그러므로 <u>다치지 않도록 조심하면 문제가 되지 않는다.</u>

짧은 글쓰기 '북적거리다'의 유의어인 '붐비다'를 넣어 의견을 제시하는 글을 써 보세요.

사람이 붐비는 곳에는 가지 말아야 한다는 의견에 반대합니다. 왜냐하면 재미있는 곳은 언제나 사람이 붐비기 때문입니다. 예를 들어 놀이터, 공연장, 영화관 같은 곳은 사람이 대단히 많습니다. 그러므로 사람이 붐비는 곳에 가더라도 다치지 않도록 조심한다면 문제가 되지 않을 것입니다.

58

유의어 사용하기

1. 다음 중 '무한하다'와 어울리는 상황에 O표 하세요.

   ① 엄마 : 우리 은주는 궁금한 게 계속해서 생겨나는구나. (O)
   ② 선생님 : 인간은 다른 동물들과 마찬가지로 영원히 살 순 없어요. (   )

2. 다음 중 단어의 뜻을 잘못 설명한 문장에 X표 하세요.

   ① 무한하다 : 수나 양이 한없이 많다. (   )
   ② 끝없다 : 끝나는 것이 있다. (X)

유의어 글쓰기
tip – 사람은 무한하게 살 수 있을까, 없을까?

생각 꺼내기 '사람은 무한하게 살 수 있다'에 대한 나의 의견과 이유를 떠올려 보세요.

1. 나의 의견은 무엇인가요? 사람은 무한하게 살 수 <u>없다.</u>
2. 왜 그렇게 생각하나요? 왜냐하면 <u>무한하게 살 수 있는 건 없기 때문이다.</u>
3. 예를 들어 볼까요? 예를 들어 <u>오래 사는 고래나 바다거북도 200년 정도밖에 살지 못한다.</u>
4. 정리해 써 볼까요? 그러므로 <u>사람은 무한하게 살 수 없다.</u>

짧은 글쓰기 '한없다'의 유의어인 '무한하다'를 넣어 의견을 제시하는 글을 써 보세요.

사람은 무한하게 살 수 없다고 생각합니다. 왜냐하면 지구에 사는 동물 중에서 무한하게 살 수 있는 건 없기 때문입니다. 예를 들어 오래 산다고 알려진 고래나 바다거북도 200년 정도밖에 살지 못하고, 세계에서 가장 오래 산 사람도 120살 정도까지 살았다고 합니다. 그러므로 사람은 무한하게 살 수 없습니다.

59

유의어 사용하기

1. 빈칸에 알맞은 단어를 넣어 유의어의 뜻을 완성해 보세요.

   ① 검약하다 : 돈, 물건 등을 (<u>아껴 쓰다</u>).
   ② 절감하다 : (<u>아끼어</u>) 줄이다.

2. 다음 문장의 빈칸에 공통으로 들어갈 단어를 골라 O표 하세요.

   아버지는 언제나 (   )하게 생활하셨다.
   알뜰한 우리 가족 덕분에 나는 어렸을 때부터 (   )이 몸에 뱄다.

   보기: 요약 검약 이용 적합

유의어 글쓰기

생각 꺼내기 '사람은 언제나 검약해야 한다'에 대한 나의 의견과 이유를 떠올려 써 보세요.

1. 나의 의견은 무엇인가요? 사람은 언제나 검약해야 한다는 의견에 <u>반대한다.</u>
2. 왜 그렇게 생각하나요? 왜냐하면 <u>아끼지 않고 써야 하는 때가 있기 때문이다.</u>
3. 예를 들어 볼까요? 예를 들어 <u>사랑하는 가족의 생일에 쓰게 될 때가 있다.</u>
4. 정리해 써 볼까요? 그러므로 <u>상황에 맞춰 현명하게 돈을 써야 한다.</u>

짧은 글쓰기 '절약하다'의 유의어인 '검약하다'를 넣어 의견을 제시하는 글을 써 보세요.

사람은 언제나 검약해야 한다는 의견에 반대합니다. 왜냐하면 돈을 아끼지 않고 써야 하는 때도 있기 때문입니다. 예를 들어 평소에는 돈을 아껴 쓰던 사람도 사랑하는 가족의 생일에 돈을 쓰게 될 때가 있습니다. 그러므로 언제나 검약하게 살기보다는 상황에 맞춰 현명하게 돈을 써야 합니다.

60

유의어 사용하기

1. 초성 힌트를 보고, 문장에 어울리는 단어를 써넣어 보세요.

   ① 저도 다른 친구들처럼 고양이를 [ㅋㅇ] 싶어요! <u>키우고</u>
   ② 네가 누나니까 어린 동생들을 잘 [ㅂㅅㅍ] 줬으면 해. <u>보살펴</u>

2. 단어에 대해 바르게 말한 친구에게 O표 하세요.

   준영 : '키우다'는 개, 고양이 같은 동물을 기를 때만 사용해. (   )
   현우 : '보살피다'는 어려운 처지의 사람을 보호한다는 뜻이 있어. (O)

유의어 글쓰기
tip – 너는 반려동물을 키우는 것에 찬성하니, 반대하니?

생각 꺼내기 '반려동물을 키우는 것'에 대한 나의 의견과 이유를 떠올려 보세요.

1. 나의 의견은 무엇인가요? 반려동물을 키우는 것에 <u>찬성한다.</u>
2. 왜 그렇게 생각하나요? 왜냐하면 <u>행복한 기분을 느낄 수 있기 때문이다.</u>
3. 예를 들어 볼까요? 예를 들어 <u>강아지는 보고 있으면 귀여워서 힘이 난다.</u>
4. 정리해 써 볼까요? 그러므로 <u>반려동물을 키우는 것은 좋다.</u>

짧은 글쓰기 '기르다'의 유의어인 '키우다'를 넣어 의견을 제시하는 글을 써 보세요.

저는 반려동물을 키우는 것에 찬성합니다. 왜냐하면 반려동물을 키우면 행복한 기분을 느낄 수 있기 때문입니다. 예를 들어 강아지는 애교를 많이 부리고 귀여워서 보고만 있어도 힘이 납니다. 그러므로 저는 반려동물을 키우는 것이 좋다고 생각합니다.

찾아보기

가늠하다	64	낭송하다	16	보존하다	114
간직하다	58	내프하다	60	보호하다	114
간추리다	126	넉넉하다	36	복작거리다	130
감격하다	30	노력하다	98	부끄럽다	42
감사하다	30	논하다	56	부딪치다	38
거듭하다	128	다루다	116	북적거리다	130
건너다	62	다르다	68	분명하다	50
걸치다	72	달갑다	22	붐비다	130
검약하다	134	달려다	26	비교하다	78
겁주다	82	닮다	104	뻔하다	50
견주다	78	당기다	74	뽐내다	100
경계하다	110	대비하다	78	사귀다	92
계산하다	106	둘러보다	108	사라지다	90
고마워하다	30	떠나다	90	사용하다	116
관찰하다	108	마시다	18	살피다	70
괴롭다	46	마주치다	38	살피다	108
굉장하다	80	막막하다	94	삼키다	18
구부리다	40	만나다	38	상기하다	63
구하다	70	만들다	20	새치기하다	48
굽히다	40	많다	36	서운하다	76
귀하다	14	말랑하다	84	설득하다	52
금쪽같다	14	먹다	18	설명하다	56
기르다	136	몰아내다	66	성나다	32
기쁘다	22	무르다	84	셈하다	106
기억하다	58	무수하다	36	소개하다	56
꾸미다	20	무한하다	132	소모되다	104
꾸짖다	34	물려주다	102	소중하다	14
끌다	74	물리치다	66	속상하다	46
끝없다	132	미안하다	42	수많다	120
끼어들다	48	반복하다	128	숙이다	40
낡다	104	보내다	102	숨다	90
낭독하다	16	보살피다	136	신기하다	86

쓰다	72	이어지다	28	파고들다	48
아깝다	76	이용하다	116	포함하다	60
아끼다	24	입다	72	풍족하다	118
아쉽다	76	잡아당기다	74	필요하다	122
알맞다	112	적당하다	112	한없다	132
암기하다	58	적합하다	112	함축하다	60
애쓰다	98	전하다	102	허다하다	120
야단치다	34	절감하다	134	헤아리다	64
얄따랗다	124	절실하다	122	헤아리다	106
얇다	124	절약하다	134	협박하다	82
어둡다	94	정리하다	126	혼내다	34
어울리다	92	조심하다	110	화나다	32
어이없다	44	조화되다	92	확실하다	50
언짢다	46	족하다	118	회유하다	52
엄청나다	80	좋아하다	24	훌륭하다	80
엉뚱하다	44	좌지우지하다	88	휘두르다	88
연결되다	28	죄송하다	42	흐뭇하다	22
연관되다	28	주력하다	98	흔들다	88
연하다	84	주의하다	110	흔하다	120
엷다	124	중복하다	128	희한하다	86
외우다	16	즐기다	24		
요긴하다	122	지키다	114		
요약하다	126	짐작하다	64		
우쭐대다	100	짓다	20		
욱하다	32	쫓아내다	66		
움직이다	62	찾다	70		
위로하다	26	충분하다	118		
위안하다	26	캄캄하다	94		
위협하다	82	키우다	136		
으스대다	100	타이르다	52		
이동하다	62	터무니없다	44		
이상하다	86	특별하다	68		

출처

10쪽

국어사전 이미지 ⓒNAVER
콘텐츠(상) ⓒ국립국어원
콘텐츠(하) ⓒ(주)낱말

콘텐츠(상) 저작물은 공공누리 제1유형으로 개방한 것을 이용하였으며, 국립국어원 표준국어대사전에서 무료로 이용하실 수 있습니다.